外国人学汉语100句系列

英语版 Popular Chinese Idioms

Experiencing Chinese

体验汉语 100 句

惯用表达类

编者 王小宁
译者 杨玉功

高等教育出版社
Higher Education Press

总 策 划　　刘　援

编　　者　　王小宁

译　　者　　杨玉功

英语审订　　Dan Jenkins　　Erin Harper

策划编辑　　徐群森

责任编辑　　金飞飞

封面设计　　彩奇风

版式设计　　高　瓦

插图选配　　金飞飞

责任校对　　金飞飞　　鞠　慧

责任绘图　　九月天空

责任印制　　宋克学

尊敬的读者：

您好！

欢迎您选用《体验汉语100句》系列丛书。

随着经济全球化的不断发展和中国国力的增强，世界范围内学习汉语的人数不断增加。为满足不同国度、不同领域、不同层次汉语学习者的需求，我社策划、研发了《体验汉语100句》系列丛书。该系列丛书包含生活类、留学类、商务类、旅游类、文化类、体育类、公务类、惯用表达类等诸方面，有针对性地帮助汉语学习者快捷地掌握相关领域中最常见、最实用的中文表达。

为满足各国汉语学习者的实际需要，每册书还配有英语、日语、韩语、法语、德语、俄语、西班牙语、泰语、印尼语等九个语言版本，今后还将开发更多语种的版本。

愿本书成为您步入汉语世界的向导，成为您了解中国的桥梁，也希望您提出意见和建议。欢迎您随时与我们联系。

高等教育出版
2007年1月

前言

《体验汉语100句》系列覆盖生活、留学、商务、旅游、文化、体育、公务、惯用表达等诸多方面，旨在有针对性地帮助汉语学习者掌握相关领域中最常见、最实用的中文表达。

本书是《体验汉语100句》系列中的惯用表达类，所选均为当今中国人所用惯用表达的精华。学会了这些惯用表达，你的汉语就会说得更加地道、自然，你跟中国人的交往和沟通也会变得更加容易。

本书根据日常生活所需，把所选惯用表达分为22类，包括感谢、道歉、称赞、同意、反对等，以便学习者记忆，灵活选用，并品尝汉语变幻无穷的乐趣。

特 点

每个惯用表达都配有两组小对话，这些对话都是现实生活场景的真实再现，语言鲜活、纯正、实用。

所有惯用表达都标有汉语拼音和英语译文，注释则直接用英语给出。

书中大量使用实物照片和绘图，活泼幽默，使学习者仿佛身临其境，能更好地了解中国。

附录收录了汉语中常用的谚语和歇后语，以便学习者参考、选用。

结 构

本书中每句话的学习包括惯用表达、对话、近似表达和注释四个部分。

• 全书共收录100个惯用表达，每个惯用表达都用汉字、拼音和英语译文清楚地标明了句子的写法、读音和意义。

• 对话内容均为在真实场景下使用的惯用表达，以帮助学习者理解惯用表达的意思，并学会使用和应答。

• 近似表达帮助学习者进一步灵活应用每个惯用表达。

• 注释指出了每个惯用表达使用的场合以及使用时应该注意的问题，可以减少使用偏误，使表达恰到好处。

如果你能利用随书赠送的 CD，边听边读，认真体会，就能在极短的时间里掌握这些惯用表达。到那时，你就会突然发现，自己已经轻松地跨入了汉语的大门。

编者

The Experiencing Chinese 100 series contains phrases pertaining to living, studying, traveling, sports, cultural communication, business communication, official communication, popular Chinese idioms and many more areas of interest. This book is *Experiencing Chinese 100 (Popular Chinese Idioms)* .

There are idioms that Chinese people usually use during their daily life. If you have a good knowledge of these idioms, it will be much easier for you to make friends and speak with Chinese people.

Included in this book is the essence of popular Chinese idioms. We have classified the idioms into 22 categories according to daily use including thanks and appreciation, apologizing, compliment, agreement, opposition, and so on, so that readers can easily find the desired idioms, remember them, and enjoy the flexibility of Chinese.

Features

• Each idiom is paired with two short dialogues that truly reflect daily life. The dialogues are vivid, typical, and practical.

• All of the idioms are in Chinese and *Pinyin* with English translations and annotations.

• Throughout the book, there are many photographs and illustrations relating to the idioms. They are designed to help readers develop a deeper understanding of the idioms and of China's unique environment.

• The appendix includes Allegorical Phrases and Proverbs.

Structure

The book includes: Idioms, Conversations, Synonymous Expressions and Notes.

Idioms: There are a total of 100 idioms, each written in both Chinese characters and *Pinyin*, accompanied by English translations and annotations.

Conversations: Places idioms in a realistic setting, thus allowing readers to better understand the idioms' meaning, usage, as well as appropriate responses.

Synonymous Expressions: After each idiom, this section provides several synonymous expressions allowing readers to practice appropriate usage.

Notes: Short tips illustrate the right occasion on which to use the idiom and what to pay attention to in order that you can use the idiom appropriately.

If you make good use of the CD that is included with the book, reading while you are listening and thinking carefully, you will have a good command of these idioms in a short time. Then, you will suddenly find that you have easily stridden into the world of Chinese.

Author

目录 Contents

1

多谢。
Duōxiè.

Thanks a lot.

● 请把那个杯子递给我。
　Qǐng bǎ nàge bēizi dì gěi wǒ.

● 给你。
　Gěi nǐ.

● 多谢。
　Duōxiè.

○ Please pass me the cup.
● Here you are.
○ Thanks a lot.

● 请问去动物园怎么走？
　Qǐngwèn qù dòngwùyuán zěnme zǒu?

● 从这里坐22路公交车
　Cóng zhèli zuò èrshí'èr lù gōngjiāochē

　可以直接到。
　kěyǐ zhíjiē dào.

● 多谢。
　Duōxiè.

○ Would you tell me how to get to the zoo, please?
● Take bus No.22 from here. It will take you right there.
○ Thanks a lot.

2

Synonymous Expressions

谢谢。
Xièxie.

非常感谢。
Fēicháng gǎnxiè.

NOTES

This is a commonly used expression to say thanks. You may use it to express gratitude whenever someone helps you.

麻烦您了。
Máfan nín le.

Thanks for the help.

● 请问地铁站在哪儿？
Qǐngwèn dìtiě zhàn zài nǎr?

● 就在那边。
Jiù zài nàbian.

● 谢谢，麻烦您了。
Xièxie, máfan nín le.

○ Where's the subway station, please?
● It's right there.
○ Thanks for the help.

● 你要的书我都帮你找到了。
Nǐ yào de shū wǒ dōu bāng nǐ zhǎodào le.

● 真是麻烦您了。
Zhēn shì máfan nín le.

○ I've found the books you asked for.
● Thanks for the help.

Synonymous Expressions

太麻烦您了。

Tài máfan nín le.

给您添麻烦了。

Gěi nín tiān máfan le.

NOTES

    This expression literally means "(sorry for) troubling you", and is used to express your gratitude for the person who takes the trouble to help you.

辛苦了。
Xīnkǔ le.

So much toil for you.

● 昨天晚上我们工作了一个通宵。
Zuótiān wǎnshang wǒmen gōngzuò le yí gè tōngxiāo.

● 辛苦了！快回去休息吧。
Xīnkǔ le! Kuài huíqù xiūxi ba.

○ We worked through last night.
● So much toil for you! Go back and have a rest now.

● 老师，这个学期您辛苦了。
Lǎoshī, zhège xuéqī nín xīnkǔ le.

● 哦，别这么说，应该的。
Ò, bié zhème shuō, yīnggāi de.

○ Professor, it's been so much toil for you this semester.
● It's nothing really. I've done what I'm supposed to.

Synonymous Expressions

受累了。

Shòulèi le.

This expression is used to show your comforting and understanding for the person who has put great effort into something meaningful and positive.

哪 儿 的 话 。
Nǎr de huà.

Don't mention it.

● 谢谢你来机场送我。
Xièxie nǐ lái jīchǎng sòng wǒ.

● 哪儿的话，我很高兴来为你
Nǎr de huà, wǒ hěn gāoxìng lái wèi nǐ

送行。
sòngxíng.

○ Thank you for seeing me off at the airport.

● Don't mention it. I'm pleased to be able to say goodbye to you.

● 谢谢你请我们吃饭。
Xièxie nǐ qǐng wǒmen chīfàn.

● 哪儿的话，我早就应该请你们
Nǎr de huà, wǒ zǎo jiù yīnggāi qǐng nǐmen

吃饭了。
chīfàn le.

○ Thank you for inviting us to dinner.

● Don't mention it. In fact, I should have invited you sooner.

Synonymous Expressions

别这么说。

Bié zhème shuō.

别客气。

Bié kèqi.

NOTES

This is a casual and idiomatic response to somebody saying thanks, which is often used between acquaintances and good friends.

应该的。
Yīnggāi de.

It's my pleasure.

谢谢你的帮助。
Xièxie nǐ de bāngzhù.

客气什么，咱们是朋友，应该的。
Kèqi shénme, zánmen shì péngyou, yīnggāi de.

Thanks for your help.

You are too modest. We're friends. It was my pleasure.

李老师，您每个星期都来给
Lǐ lǎoshī, nín měi ge xīngqī dōu lái gěi

我们补习功课，我们真不知道
wǒmen bǔxí gōngkè, wǒmen zhēn bù zhīdào

怎么感谢您才好。
zěnme gǎnxiè nín cái hǎo.

应该的，别客气。
Yīnggāi de, bié kèqi.

Professor Li, every week you come to give us a lesson after school. We really don't know how to thank you.

You're welcome. It's my pleasure.

Synonymous Expressions

这是我应该做的。

Zhè shì wǒ yīnggāi zuò de.

NOTES

When others say thanks to you, you may reply with this expression to show that you think it's your obligation to help them.

6

对不起。
Duìbuqǐ.

I'm sorry.

● 对不起，我把你的书弄丢了。
　　Duìbuqǐ,　　　wǒ bǎ nǐ de shū nòngdiū le.

● 没关系，我再买一本。
　　Méiguānxi,　　wǒ zài mǎi yì běn.

○ I'm sorry. I lost your book.
● It doesn't matter. I'll buy a new copy.

● 我又迟到了，对不起。
　　Wǒ yòu chídào le,　　duìbuqǐ.

● 快去工作吧，下次注意。
　　Kuài qù gōngzuò ba,　　xià cì　zhùyì.

○ I'm late again. Sorry.
● Get to work and don't be late again.

Synonymous Expressions

请原谅！

Qǐng yuánliàng!

NOTES

   If you ever think you've done something improper, you may use this commonly used expression to ask for forgiveness.

7

真 抱 歉 ！
Zhēn bàoqiàn!

'm really sorry!

● 好久都没有跟你联系，真抱歉！
Hǎo jiǔ dōu méiyǒu gēn nǐ liánxì, zhēn bàoqiàn!

● 没关系，你一直很忙吧。
Méiguānxi, nǐ yìzhí hěn máng ba.

○ It's been so long since I contacted you last. I'm really sorry!
● It's all right. You must have been really busy.

● 今晚的宴会你能参加吗？
Jīnwǎn de yànhuì nǐ néng cānjiā ma?

● 真抱歉！我今晚正好有事。
Zhēn bàoqiàn! Wǒ jīnwǎn zhènghǎo yǒu shì.

○ Are you coming to the dinner party tonight?
● I'm really sorry! I have an appointment tonight.

Synonymous Expressions

真不好意思！

Zhēn bùhǎoyìsi!

This is an expression used to apologize for mistakes or improper behaviors. Here, "真(zhēn, really)" indicates the sincerity of the speaker.

没 关 系。

Méiguānxi.

It doesn't matter.

● 对不起，让您久等了。
　　Duìbuqǐ,　　ràng nín jiǔ děng le.

● 没关系，我也刚到一会儿。
　　Méiguānxi,　　wǒ yě gāng dào yíhuìr.

　○ Sorry to have kept you waiting.
　● It doesn't matter. I just arrived a while ago.

● 真抱歉，我帮不了你这个忙。
　　Zhēn bàoqiàn,　　wǒ bāngbuliǎo nǐ zhège máng.

● 没关系，我再想想办法。
　　Méiguānxi,　　wǒ zài xiǎngxiang bànfǎ.

　○ I'm really sorry. I can't help you with that.
　● It doesn't matter. I'll try to find a way out.

Synonymous Expressions

没什么。

Méishénme.

This is a response to apologies such as "对不起(duìbuqǐ, I'm sorry)", "抱歉(bàoqiàn, I apologize)", and "请原谅(qǐng yuánliàng, please forgive me)". This expression is used to show your understanding and to console the apologizer.

不送了。
Bú sòng le.

I'll stop here.

● **外面冷，您回去吧。**
Wàimian lěng, nín huíqù ba.

● **好吧，那我就不送了。**
Hǎo ba, nà wǒ jiù bú sòng le.

○ It's cold outside. Please go back.

● All right, I'll stop here.

● **这边的路我很熟，你们就别**
Zhèbian de lù wǒ hěn shú, nǐmen jiù bié
送我了。
sòng wǒ le.

● **那好，我们不送了，您走好。**
Nà hǎo, wǒmen bú sòng le, nín zǒu hǎo.

○ I'm quite familiar with the way. You don't have to accompany me further.

● OK, we'll stop here. Take care.

Synonymous Expressions

不远送了。

Bù yuǎn sòng le.

就送到这儿了。

Jiù sòng dào zhèr le.

NOTES

    This is a casual expression used by hosts when they see a guest off. You may use this phrase if you do not intend to accompany your guest further from your home.

10

慢 走！
Màn zǒu!

Take care!

○ 我要回家了。
Wǒ yào huíjiā le.

● 好吧，那你慢走，我就不送了。
Hǎo ba, nà nǐ màn zǒu, wǒ jiù bú sòng le.

○ I have to go home now.
● All right. I'll stop here. Take care.

○ 别送了，回去吧。
Bié sòng le, huíqù ba.

● 好，你慢走，有空儿再来。
Hǎo, nǐ màn zǒu, yǒu kòngr zài lái.

○ Please stop here and go back.
● OK. Come again when you're free. Take care.

20

Synonymous Expressions

请慢走。

Qǐng màn zǒu.

走好。

Zǒu hǎo.

NOTES

This expression literally means "walk slowly", which indicates that the host wishes the guest "bon voyage".

11

别 送 了 。
Bié sòng le.

There is no need to go any further.

● **太晚了，你回去吧，别送了。**
Tài wǎn le, nǐ huíqù ba, bié sòng le.

● **好吧，你走好。**
Hǎo ba, nǐ zǒu hǎo.

○ It's too late now. Just go back please. There is no need to go any further.

● All right. Take care.

● **别送了，都是朋友，不用客气。**
Bié sòng le, dōu shì péngyou, búyòng kèqi.

● **那我就不送了，慢走。**
Nà wǒ jiù bú sòng le, màn zǒu.

○ There is no need to go any further. We're friends, no need to be so courteous.

● Then I'll stop here. Take care.

Synonymous Expressions

回去吧。

Huíqù ba.

This expression is used by a guest. In China, some hosts have the custom of accompanying guests out the door or farther when they leave to show respect and friendliness.

留步吧。
Liúbù ba.

Please stop here.

● **我不送你了，有空儿常来我家玩儿。**
Wǒ bú sòng nǐ le, yǒu kòngr cháng lái wǒ jiā wánr.

● **留步吧，我会的。**
Liúbù ba, wǒ huì de.

○ I'll say goodbye here. Come again when you have time.
● Please stop here. I'll surely come again.

● **你一定要照顾好自己。**
Nǐ yídìng yào zhàogù hǎo zìjǐ.

● **我知道了，您留步吧。**
Wǒ zhīdào le, nín liúbù ba.

○ Do take good care of yourself.
● I will. Please stop here.

Synonymous Expressions

请留步。

Qǐng liúbù.

NOTES

This expression is similar to "别送了(bié sòng le, there is no need to go any further)" or "回去吧(huí qù ba, please go back)", but a little bit more formal.

25

失 陪 了。

Shīpéi le.

Excuse me, I have to go now.

● **公司有急事，我得马上回去。**
Gōngsī yǒu jí shì, wǒ děi mǎshàng huí qù.

对不起，失陪了。
duìbuqǐ, shīpéi le.

● **没关系。**
Méiguānxi.

○ I have something urgent to attend to at the company, and I have to go now.

● It doesn't matter.

● **你们谈吧，我还有别的事情，**
Nǐmen tán ba, wǒ hái yǒu bié de shìqing,

要先走了。失陪了。
yào xiān zǒu le. Shīpéi le.

● **好，那你走吧。**
Hǎo, nà nǐ zǒu ba.

○ Excuse me, I have to go now. I have something else to attend to. Please continue.

● OK, see you.

Synonymous Expressions

对不起，我不能陪
Duìbuqǐ,　　wǒ bù néng péi
你们了。
nǐmen　le.

NOTES

　　This is a polite expression used when you have to leave your friends at gatherings.

27

14

干得好!
Gàn de hǎo!

Well-done!

● 今天这场足球赛黄洪一个
Jīntiān zhè chǎng zúqiú sài Huáng Hóng yí gè
人就踢进了三个球。
rén jiù tī jìn le sān gè qiú.

● 干得好!
Gàn de hǎo!

○ In today's football match, Huang Hong alone scored three goals.
● Well-done!

● 那个小偷在偷自行车的时候，
Nàge xiǎotōu zài tōu zìxíngchē de shíhou,
被我抓住了，我把他教训了
bèi wǒ zhuāzhù le, wǒ bǎ tā jiàoxùn le
一顿。
yí dùn.

● 干得好!
Gàn de hǎo!

○ I caught a thief stealing a bike and gave him a dressing down.
● Well-done!

28

Synonymous Expressions

干得不错！
Gàn de búcuò!

好样儿的！
Hǎoyàngrde!

NOTES

This expression is used to show praise or admiration for good deeds.

酷毙了！

Kù bì le!

Cool!

● 你看那个女孩的发型多新潮。
　Nǐ kàn nàge nǚhái de fàxíng duō xīncháo.

● 哇塞！酷毙了。
　Wā sāi! Kù bì le.

○ Look at that girl's hairstyle, so chic.
● Wow! Cool!

○ 你的太阳镜是在哪儿买的？
　Nǐ de tàiyángjìng shì zài nǎr mǎi de?
　酷毙了。
　Kù bì le.

● 是吗？你也买一个吧。
　Shì ma? Nǐ yě mǎi yí gè ba.

○ Where did you buy your sunglasses? They're cool.
● Really? You can buy a pair, too.

Synonymous Expressions

真酷!
Zhēn kù!

太酷了!
Tài kù le!

NOTES

The expression literally means "cool to the point of death". The character "酷(kù)" is a trans-literation of the English word "cool". Young people often use this expression to pay a compliment when they think someone or something is very modern or fashionable.

太棒了！

Great!

● 你尝尝我做的菜，味道怎么样？

Nǐ chángchang wǒ zuò de cài, wèidào zěnmeyàng?

● 嗯，太棒了，味道好极了。

Ng, tài bàng le, wèidào hǎo jí le.

◯ Taste the dish I cooked. How is it?

● Eh, great! It tastes fabulous!

● 这本书怎么样？

Zhè běn shū zěnmeyàng?

● 太棒了，你也拿去看看吧。

Tài bàng le, nǐ yě náqù kànkan ba.

◯ What do you think of the book?

● Great! Just take it and have a look.

Synonymous Expressions

棒极了!

Bàng jí le!

真棒!

Zhēn bàng!

NOTES

This expression is commonly used by the northerners in China to praise anything that is admired: a dish, a book, a performance or a behavior.

17

真 了 不 起 !
Zhēn liǎobuqǐ!

● 黎明这次考试又是全班第一。
Lí Míng zhè cì kǎoshì yòu shì quán bān dìyī.

● 真了不起！他太聪明了。
Zhēn liǎobuqǐ! Tā tài cōngming le.

○ Li Ming ranks first again in the examination this time.
● Admirable! He's so smart.

● 我哥哥炒股票，一年就赚了
Wǒ gēge chǎo gǔpiào, yì nián jiù zhuàn le
五十万！
wǔshí wàn!

● 你哥哥真了不起！
Nǐ gēge zhēn liǎobuqǐ!

○ My brother speculated in the stock market and made half a million dollars in a year!
● Your brother is admirable!

Synonymous Expressions

真行!
Zhēn xíng!

真不得了!
Zhēn bùdéliǎo!

NOTES

This is an expression of admiration for somebody's extraordinary conduct in words or deeds.

18

真有两下子。
Zhēn yǒu liǎngxiàzi.

You're so capable.

● 这是我自己做的衣服。
　Zhè shì wǒ zìjǐ zuò de yīfu.

● 看不出来，你还真有两下子。
　Kàn bu chūlái, nǐ hái zhēn yǒu liǎngxiàzi.

● I made the clothes myself.
● I can't believe it. You're so capable!

● 张飞已经把电脑修好了。
　Zhāng Fēi yǐjīng bǎ diànnǎo xiūhǎo le.

● 他真有两下子，我修了两天
　Tā zhēn yǒu liǎngxiàzi, wǒ xiū le liǎng tiān
都没修好。
dōu méi xiūhǎo.

● Zhang Fei has fixed the computer.
● He's so capable. I tried to fix it for two days without success.

36

Synonymous Expressions

真有本事。
Zhēn yǒu běnshí.

真不简单。
Zhēn bù jiǎndān.

NOTES

This expression is used to compliment someone who you think is capable and skillful.

不 太 好 ！
Bù tài hǎo!

Not too good!

● 最近生意怎么样?
Zuìjìn shēngyi zěnmeyàng?

● 不太好！很多货都卖不出去。
Bù tài hǎo! Hěn duō huò dōu mài bu chūqù.

● How is your business lately?
● Not too good! There are many goods in stock that can't be sold.

● 你妈妈身体怎么样?
Nǐ māma shēntǐ zěnmeyàng?

● 不太好，每天都得吃药。
Bù tài hǎo,   měitiān dōu děi chī yào.

● How is your mother?
● Not too good! She has to take medicine every day.

Synonymous Expressions

不怎么好。
Bù zěnme hǎo.

不太理想。
Bù tài lǐxiǎng.

NOTES

The Chinese and English versions of the expression are almost equivalent. Inserting "太(tài, too)" between "不(bù, not)" and "好(hǎo, good)" makes the tone more mild and polite.

就那么回事儿。

Jiù nàme huí shìr.

There's nothing special.

● 那个新建的游乐园你去了吗？
Nàge xīn jiàn de yóulèyuán nǐ qù le ma?

感觉如何？
Gǎnjué rúhé?

● 去了。就那么回事儿。
Qù le. Jiù nàme huí shìr.

○ Did you go to the new amusement park? How is it?

● I did. There's nothing special.

● 你儿子最近学习怎么样了？
Nǐ érzi zuìjìn xuéxí zěnmeyàng le?

● 就那么回事儿，英语经常不
Jiù nàme huí shìr, Yīngyǔ jīngcháng bù

及格。
jígé.

○ How is your son getting on with his studies?

● There's nothing special. He often fails his English tests.

Synonymous Expressions

不怎么样。

Bù zěnmeyàng.

NOTES

You may use this expression to express your dissatisfaction if you think something is humdrum or mediocre. The literal meaning of the expression is "it's just like that". The tone is comparatively strong.

还是老样子。

Háishì lǎo yàngzi.

Still the same old story.

● **你和婆婆的关系怎么样了？**
Nǐ hé pópo de guānxì zěnmeyàng le?

● **还是老样子，没有什么变化。**
Háishì lǎo yàngzi, méiyǒu shénme biànhuà.

● How are you getting on with your mother-in-law?
● It's still the same old story. Nothing changes.

● **你爸爸的病好了没？**
Nǐ bàba de bìng hǎo le méi?

● **还是老样子。**
Háishì lǎo yàngzi.

● How is your father's illness?
● It's still the same old story.

Synonymous Expressions

没什么变化。

Méi shénme biànhuà.

NOTES

You use this expression to show your dis-satisfaction or anxiety when someone or the state of affairs is not progressing or changing.

22

还行。
Hái xíng.

Acceptable.

● 你觉得中央电视台的节目怎么样?
Nǐ juéde Zhōngyāng Diànshìtái de jiémù zěnmeyàng?

● 还行，有的节目挺好的。
Hái xíng, yǒude jiémù tǐng hǎo de.

● What do you think of CCTV's programs?
● Acceptable. There are some good programs.

● 你看这套房子怎么样?
Nǐ kàn zhè tào fángzi zěnmeyàng?

● 还行，位置和环境都还可以。
Hái xíng, wèizhì hé huánjìng dōu hái kěyǐ.

● What do you think of the house?
● Acceptable. The location and environment are both all right.

Synonymous Expressions

还可以。

Hái kěyǐ.

还不错。

Hái búcuò.

NOTES

If you think something is generally adequate, though not without some inadequacies, use this expression.

马马虎虎。
Mǎmǎhūhū.

Passable.

● 你觉得这篇论文写得怎么样?
Nǐ juéde zhè piān lùnwén xiě de zěnmeyàng?

● 马马虎虎吧。
Mǎmǎhūhū ba.

○ What do you think of the thesis?
● Just passable.

● 你们公司今年的汽车销售量
Nǐmen gōngsī jīnnián de qìchē xiāoshòuliàng
怎么样?
zěnmeyàng?

● 马马虎虎，还过得去。
Mǎmǎhūhū, hái guòdeqù.

○ How are your company's auto sales this year?
● Passable, and acceptable.

Synonymous Expressions

一般般。
Yìbānbān.

凑合。
Cōuhe.

NOTES

Use this expression to evaluate someone or something that is neither very good nor very bad.

24

错不了！
Cuòbuliǎo!

It can't be wrong!

● **这是黄校长的电话吗？**
Zhè shì Huáng xiàozhǎng de diànhuà ma?

● **错不了，我昨天还打过呢。**
Cuòbuliǎo, wǒ zuótiān hái dǎguo ne.

○ Is this the telephone number of President Huang?
● It can't be wrong. I dialed it just yesterday.

● **小刘家是住这个楼吗？**
Xiǎo Liú jiā shì zhù zhège lóu ma?

● **错不了，我来过他家。**
Cuòbuliǎo, wǒ láiguo tā jiā.

○ Is Xiao Liu's home in this building?
● It can't be wrong. I visited his home once.

48

Synonymous Expressions

没错。
Méi cuò.

不会错的。
Bú huì cuò de.

NOTES

Use this expression to reassure someone who somewhat doubts what you said or did.

没问题。
Méi wèntí.

No problem.

● 已经十点了，咱们能赶上
Yǐjīng shí diǎn le, zánmen néng gǎnshang

末班车吗？
mòbānchē ma?

● 没问题。
Méi wèntí.

● It's ten o'clock already. Can we catch the last bus?
● No problem.

● 你觉得今天晚上的球赛
Nǐ juéde jīntiān wǎnshang de qiúsài

咱们队能赢吗？
zánmen duì néng yíng ma?

● 没问题，肯定能赢。
Méi wèntí, kěndìng néng yíng.

● Do you think our team will win the match tonight?
● No problem. We will surely win.

Synonymous Expressions

问题不大。

Wèntí bù dà.

When somebody feels worried or lacks confidence in what you're doing, you can use this expression to reassure him. At the same time, it implies a promise.

51

26

那 当 然！

Nà dāngrán!

Of course!

● **你太太让你看世界杯吗？**
Nǐ tàitai ràng nǐ kàn shìjièbēi ma?

● **那当然！她不让我看，我**
Nà dāngrán! Tā bú ràng wǒ kàn, wǒ
也要看。
yě yào kàn.

○ Does your wife allow you to watch the World Cup?
● Of course! I will watch any way, even if she disagrees.

● **你是不是也喜欢体育运动？**
Nǐ shìbushì yě xǐhuan tǐyù yùndòng?

● **那当然，我每天都游泳。**
Nà dāngrán, wǒ měitiān dōu yóuyǒng.

○ Do you love sports, too?
● Of course, I swim every day.

Synonymous Expressions

当然!
Dāngrán!

当然啦!
Dāngrán la!

NOTES

This is an affirmative and confident expression that is used to dispel the doubts of others when you think you have no problem in doing something.

27

那还用说。
Nǎ hái yòng shuō.

Absolutely!

● 当飞行员身体素质一定要好。
Dāng fēixíngyuán shēntǐ sùzhì yídìng yào hǎo.

● 那还用说。
Nǎ hái yòng shuō.

○ You need a good physique to become a pilot.
● Absolutely!

● 你还能记得我们上次遇险的
Nǐ hái néng jìde wǒmen shàng cì yùxiǎn de
地方吗？
dìfang ma?

● 那还用说，我一辈子都忘不了。
Nǎ hái yòng shuō, wǒ yíbèizi dōu wàngbuliǎo.

○ Do you still remember the place where we had that emergency?
● Absolutely, I'll never forget it.

54

Synonymous Expressions

那是。

Nàshi.

NOTES

When someone expresses doubt about something you are proud of because they lack full knowledge, you can respond with this expression. It has a sense of pride, confidence and even complacency.

28

不可能。

Bù kěnéng.

It's impossible.

听说小王和小陈离婚了。
Tīngshuō Xiǎo Wáng hé Xiǎo Chén lí hūn le.

不可能，昨天我还看见
Bù kěnéng, zuótiān wǒ hái kànjiàn

他们逛商场呢。
tāmen guàng shāngchǎng ne.

I hear Xiao Wang and Xiao Chen divorced each other.

It's impossible. I saw them window-shopping only yesterday.

你们两个好好聊聊，矛盾
Nǐmen liǎng gè hǎohāo liáoliao, máodùn

就可能解决了。
jiù kěnéng jiějué le.

不可能，我们没什么好说
Bù kěnéng, wǒmen méi shénme hǎo shuō

的了。
de le.

You two have a good talk and maybe the conflict will be resolved.

It's impossible. We have nothing to say to each other.

Synonymous Expressions

不会的。

Bú huì de.

Use this expression when you guess that the odds of something happening are very low.

29

鬼 知 道！
Guǐ   zhīdào!

Only the devil knows!

● **不知道明天天气怎么样。**
Bù zhīdào míngtiān*tiānqì zěnmeyàng.

● **鬼知道！这几天天气老变，**
Guǐ zhīdào!   Zhè jǐ tiān tiānqì lǎo biàn,

一会儿晴，一会儿阴。
yíhuìr qíng,   yíhuìr yīn.

○ Don't know what the weather will be tomorrow.

● Only the devil knows! The weather is always changing these days: cloudless one hour, and overcast the next.

● **老板什么时候给我们加薪呀？**
Lǎobǎn shénme shíhou gěi wǒmen jiā xīn ya?

● **鬼知道！**
Guǐ zhīdào!

○ When will the boss give us a pay rise?

● Only the devil knows!

Synonymous Expressions

谁知道。

Shéi zhīdào.

天知道。

Tiān zhīdào.

NOTES

This expression is one of denial that means, "I don't know". It expresses the idea that you are unable to understand, are dissatisfied, or don't care about something. It conveys a tone of dissatisfaction and complaint.

30

谁 说 的?
Shéi shuō de?

Who said that?

● **听说你要去国外发展?**
Tīngshuō nǐ yào qù guówài fāzhǎn?

● **谁说的? 我根本就没这个想法。**
Shéi shuō de? Wǒ gēnběn jiù méi zhège xiǎngfǎ.

○ I hear you're going abroad for personal development?
● Who said that? I've never had that idea at all.

● **你们公司不是经营得不错吗?**
Nǐmen gōngsī bú shì jīngyíng de búcuò ma?

● **谁说的? 都快倒闭了。**
Shéi shuō de? Dōu kuài dǎobì le.

○ Your company has been running well, hasn't it?
● Who said that? It's going bankrupt.

Synonymous Expressions

没有这回事儿。

Méiyǒu zhè huí shìr.

NOTE

This is a way of expressing denial. It means, "不对(bú duì, that's not right)" or "不是这样的(bú shì zhèyàng de, it is not like that)". Sometimes it conveys a sense of resentment.

31

想 得 美 ！
Xiǎng de měi!

In your dreams!

● 明年咱们也买辆车吧？
Míngnián zánmen yě mǎi liàng chē ba?

● 想 得 美 ！ 咱们哪有钱呀！
Xiǎng de měi! Zánmen nǎ yǒu qián ya!

○ Shall we buy a car next year?
● In your dreams! We don't have the money.

● 一个星期要是只工作三天
Yí gè xīngqī yàoshi zhǐ gōngzuò sān tiān

多好啊！
duō hǎo a!

● 想 得 美 ！ 快干活吧。
Xiǎng de měi! Kuài gànhuó ba.

○ How nice would it be if we only had to work three days a week!
● In your dream! Just get on with your work.

Synonymous Expressions

做梦！

Zuòmèng!

不可能！

Bù kěnéng!

NOTES

The literal meaning of the Chinese expression is "(you) think so beautifully (that your idea can never be realized)". It is used to ridicule someone whose expectation is too high or whose ideas are unrealistic. It shows that you are strongly opposed to someone's ideas or suggestions and want them to give up their position. Women usually used it.

63

32

好 说。
Hǎoshuō.

● 把你的自行车借给我用用行吗？
　Bǎ nǐ de zìxíngchē jiè gěi wǒ yòngyong xíng ma?

● 好说，这是车钥匙，给你。
　Hǎoshuō, zhè shì chē yàoshi, gěi nǐ.

○ Can I borrow your bicycle?

● All right. Here's the key.

● 我想学打字，你能教教我吗？
　Wǒ xiǎng xué dǎzì, nǐ néng jiāojiao wǒ ma?

● 好说。你打算什么时候开始学？
　Hǎoshuō. Nǐ dǎsuàn shénme shíhou kāishǐ xué?

○ I want to learn to type. Can you show me how?

● All right. When do you want to start?

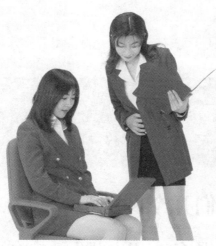

Synonymous Expressions

没的说。
Méi de shuō.

没说的。
Méi shuō de.

NOTES

The literal meaning is close to "(I'm) easy to be persuaded", and is used as a light-hearted expression of agreement. When you say this, you show that you agree to someone's request and want to accede to the request.

33

好主意！
Hǎo zhǔyì!

Good idea!

● **咱们开个网吧吧，现在上网的**
Zánmen kāi gè wǎngbā ba, xiànzài shàngwǎng de
人很多，开网吧一定能挣钱。
rén hěn duō, kāi wǎngbā yídìng néng zhèngqián.

● **好主意！**
Hǎo zhǔyì!

○ Let's open an internet bar. I'm sure we can make money, because there are so many web-surfers nowadays.
● Good idea!

● **这次旅游咱们坐火车去，坐**
Zhè cì lǚyóu zánmen zuò huǒchē qù, zuò
飞机回来，怎么样？
fēijī huílái, zěnmeyàng?

● **好主意！这样又不耽误时间，**
Hǎo zhǔyì! Zhèyàng yòu bù dānwù shíjiān,
又便宜。
yòu piányi.

○ For this trip how about we go there by train and come back by plane?
● Good idea! This way we can save both time and money.

66

Synonymous Expressions

太好了!
Tài hǎo le!

好极了!
Hǎojí le!

好办法!
Hǎo bànfǎ!

NOTES

Use this expression to show admiration for a good idea or suggestion.

34

行。
Xíng.

OK.

● 咱们买一台DVD机吧，
Zánmen mǎi yì tái DVD jī ba,

在家里看电影方便。
zài jiāli kàn diànyǐng fāngbiàn.

● 行，你买吧。
Xíng, nǐ mǎi ba.

○ Let's buy a DVD player so we can watch movies at home.

● OK, go head.

● 咱们明天去爬山吧。
Zánmen míngtiān qù páshān ba.

● 行，几点出发？
Xíng, jǐ diǎn chūfā?

○ Shall we go mountain-climbing tomorrow?

● OK, when will we set out?

68

Synonymous Expressions

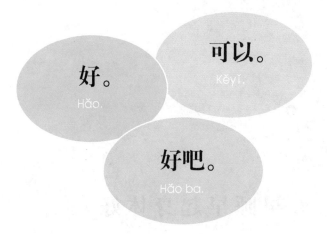

好。
Hǎo.

可以。
Kěyǐ.

好吧。
Hǎo ba.

NOTES

This is a simple and idiomatic way of expressing agreement. If you think someone's request or suggestion is reasonable, you can use this expression to show your agreement.

69

35

有道理！
Yǒu dàolǐ!

You're right.

● 你必须坚持做美容皮肤才会好。
Nǐ bìxū jiānchí zuò měiróng pífū cái huì hǎo.

● 有道理。
Yǒu dàolǐ.

○ You must have continuous beauty treatments in order to have good looking skin.

● You're right.

● 早睡早起身体好。
Zǎo shuì zǎo qǐ shēntǐ hǎo.

● 嗯，这话有道理。
Ňg, zhè huà yǒu dàolǐ.

○ Early to bed and early to rise makes a person healthy, wealthy, and wise.

● Eh, you're right.

Synonymous Expressions

说得对！

Shuō de duì!

This expression means that you agree with others' suggestions or ideas, but without commitment.

36

胡说八道！
Húshuō bādào!

Nonsense!

● 听说你不想参加HSK考试了。
Tīngshuō nǐ bù xiǎng cānjiā HSK kǎoshì le.

● 胡说八道！谁说的？
Húshuō · bādào! Shéi shuō de?

● I hear you don't want to take the HSK test.
● Nonsense! Who said that?

● 小刘说搞传销可以挣大钱。
Xiǎo Liú shuō gǎo chuánxiāo kěyǐ zhèng dà qián.

● 胡说八道！那可是违法的。
Húshuō bādào! Nà kěshì wéifǎ de.

● Xiao Liu said you can make big money by pyramid selling.
● Nonsense! That's illegal.

72

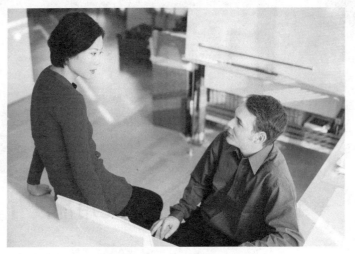

Synonymous Expressions

胡说!
Húshuō!

胡扯!
Húchě!

NOTES

This is an expression showing strong opposition. Use it with caution: it is comparatively rude, unfriendly, and nearly abusive.

话不能这么说。
Huà bù néng zhème shuō.

You can't be that conclusive.

● **我觉得买保险一点儿用都没有。**
Wǒ juéde mǎi bǎoxiǎn yìdiǎnr yòng dōu méiyǒu.

● **话不能这么说，发生意外的**
Huà bù néng zhème shuō, fāshēng yìwài de

时候就有用了。
shíhou jiù yǒu yòng le.

● I think insurance is simply useless.
● You can't be that conclusive. It will be useful if an accident happens.

● **电子游戏对孩子一点儿好处都**
Diànzǐ yóuxì duì háizi yìdiǎnr hǎochù dōu

没有。
méiyǒu.

● **话不能这么说，玩儿电子游戏**
Huà bù néng zhème shuō, wánr diànzǐ yóuxì

也能锻炼孩子的反应能力。
yě néng duànliàn háizi de fǎnyìng nénglì.

● Computer games can never do children any good.
● You can't be that conclusive. Computer games can surely strengthen children's reflexes.

Synonymous Expressions

也不尽然。
Yě bùjìnrán.

不尽然吧。
Bùjìnrán ba.

NOTES

Use this roundabout expression when you disagree with someone's opinion, but don't want to embarrass him.

没门儿！
Méiménr!

No way!

● 今天你做饭，我看电视剧去。
Jīntiān nǐ zuòfàn, wǒ kàn diànshìjù qù.

● 没门儿！我还想看电视剧呢。
Méiménr! Wǒ hái xiǎng kàn diànshìjù ne.

- You cook today and I'll watch the sitcoms.
- No way. I want to watch the sitcoms, too.

● 咱俩老吵架，我看离婚算了。
Zán liǎ lǎo chǎojià, wǒ kàn líhūn suàn le.

● 想跟我离婚，没门儿！
Xiǎng gēn wǒ líhūn, méiménr!

- We quarrel too much. We'd better divorce.
- You want to divorce me? No way!

Synonymous Expressions

做梦！
Zuòmèng!

休想！
Xiūxiǎng!

NOTES

This is an abrupt and strong rejection to a request or suggestion of others. The tone is very strong.

39

那 哪 行 啊！
Nǎ nǎ xíng a!

That's unacceptable!

● **我借给你的钱就不用还了。**
Wǒ jiè gěi nǐ de qián jiù búyòng huán le.

● **那哪行啊，好借好还再借不难嘛。**
Nǎ nǎ xíng a, hǎo jiè hǎo huán zài jiè bù nán ma.

○ You don't have to repay the money I lent you.

● That's unacceptable. As the saying goes: repay the borrowed money duly and you may borrow again easily.

● **你们先回去吧，剩下的事情我**
Nǐmen xiān huíqù ba, shèngxià de shìqing wǒ
来做吧。
lái zuò ba.

● **那哪行啊，还是咱们一起做完**
Nǎ nǎ xíng a, háishi zánmen yìqǐ zuò wán
再走吧。
zài zǒu ba.

○ You go back first. I'll finish the rest.

● That's unacceptable! Let's finish it together and then go.

78

Synonymous Expressions

那不行。
Nà bùxíng.

那怎么行啊!
Nà zěnme xíng a!

NOTES

This is an expression of disagreement or opposition to someone's way of saying or doing something. You can also say, "不行(bù xíng)".

40

你有病呀？！
Nǐ yǒu bìng ya?!

Are you nuts?!

● 我把这个月的工资全买彩票了。
Wǒ bǎ zhège yuè de gōngzī quán mǎi cǎipiào le.

● 你有病呀？！那咱们吃什么呀！
Nǐ yǒu bìng ya?! Nà zánmen chī shénme ya!

○ I've spent all my salary buying lottery tickets.
● Are you nuts?! Then what do we live off of?

● 你看，我今天上街买了五件衣服。
Nǐ kàn, wǒ jīngtiān shàng jiē mǎi le wǔ jiàn yīfu.

● 你有病呀？！一下子买这么多衣服
Nǐ yǒu bìng ya?! Yí xià zǐ mǎi zhème duō yīfu
穿得完吗？
chuān de wán ma?

○ Look! I bought 5 pieces of clothes today.
● Are you nuts?! Can you wear so many clothes?

Synonymous Expressions

有毛病呀你!

Yǒu máobìng ya nǐ!

NOTES

This is an expression of scolding used to
rebuke somebody for doing something unreasonable
or something that should not be done.

41

别 担 心 。
Bié dānxīn.

Don't worry.

● 我这病怕是好不了了。
Wǒ zhè bìng pà shì hǎobuliǎo le.

● 别担心，会好的。
Bié dānxīn, huì hǎo de.

○ I'm afraid I can never recover from this illness.
● Don't worry. You'll recover.

● 你一个人在国外生活行吗？
Nǐ yí gè rén zài guówài shēnghuó xíng ma?

● 没问题，别担心。
Méi wèntí, bié dānxīn.

○ Is it all right for you to live alone in a foreign land?
● No problem. Don't worry.

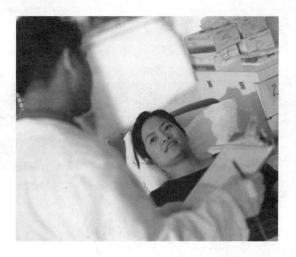

Synonymous Expressions

放心吧。
Fàngxīn ba.

放心。
Fàngxīn.

NOTES

This is an expression that is used to comfort your friend who is worried about someone or something. Usually you add a reassuring reason before or after the expression.

42

别 急！

Bié jí!

Be patient!

● 咱们什么时候结婚？
Zánmen shénme shíhou jiéhūn?

● 别急！ 等有房子再说。
Bié jí! Děng yǒu fángzi zài shuō.

○ When will we get married?
● Be patient! We'll wait until we have a house.

● 火车就要开了，他怎么还没来呀？
Huǒchē jiù yào kāi le, tā zěnme hái méi lái ya?

● 别急！ 再等等。
Bié jí! Zài děngdeng.

○ The train is about to leave. How come he hasn't arrived yet?
● Be patient! Just wait awhile.

Synonymous Expressions

急什么。
Jí shénme.

着什么急。
Zháo shénme jí.

NOTES

Use this expression to comfort someone who's getting impatient.

85

43

想 开 点 儿。
Xiǎng kāi diǎnr.

Look on the bright side.

● 我身体不好，太太又失业了，
Wǒ shēntǐ bù hǎo, tàitai yòu shīyè le,

这日子可怎么过呀？
zhè rìzi kě zěnme guò ya?

● 想开点儿，一切都会好起来的。
Xiǎng kāi diǎnr, yíqiè dōu huì hǎoqǐlái de.

○ I'm not in good health, and my wife is out of job. How can I go on?

● Look on the bright side. Everything will turn out fine.

● 我跟经理一点儿也合不来，真
Wǒ gēn jīnglǐ yìdiǎnr yě hébulái, zhēn

不想在他手下干了。
bù xiǎng zài tā shǒu xià gàn le.

● 想开点儿，领导都这样。
Xiǎng kāi diǎnr, lǐngdǎo dōu zhèyàng.

○ I can never get along with the manager. I really don't want to work under him anymore.

● Look on the bright side; and besides, all superiors are alike.

Synonymous Expressions

别老想不开。

Bié lǎo xiǎngbukāi.

NOTES

When someone is caught up in difficulties, is in low spirits, looks on the dark side, feels disappointed, and is even desperate, use this expression to console him, open his mind to look at things from a different point of view, and relax his state of mind.

44

没事儿。
Méishìr.

It's nothing.

● 我存在电脑里的文件都找不到
Wǒ cún zài diànnǎo li de wénjiàn dōu zhǎobudào

了，急死我了！
le, jí sǐ wǒ le!

● 没事儿，我来帮你看看。
Méishìr, wǒ lái bāng nǐ kànkan.

● I can't find my files in the computer. I'm feeling very anxious!
● It's nothing. Let me help you with it.

● 我刚到北京，有些水土不服。
Wǒ gāng dào Běijīng, yǒu xiē shuǐtǔ bùfú.

● 没事儿，过几天就好了。
Méishìr, guò jǐ tiān jiù hǎo le.

● I just arrived in Beijing, and I am feeling a bit under the weather.
● It's nothing. You'll be fine in a few days.

SYNONYMOUS EXPRESSIONS

没什么。

Méishénme.

NOTES

This is a friendly and idiomatic expression used to comfort an anxious person.

45

破财免灾。
Pòcái miǎnzāi

A loss of wealth is a gain of health.

● 我的手机又丢了。
　Wǒ de shǒujī yòu diū le.

● 别心疼，破财免灾。
　Bié xīnténg, pòcái miǎnzāi.

○ I lost my mobile phone again.
● Don't get distressed. A loss of wealth is a gain of health.

● 我家今天被盗了，真气人。
　Wǒ jiā jīntiān bèi dào le, zhēn qì rén.

● 别生气，破财免灾。
　Bié shēngqì, pòcái miǎnzāi.

○ A burglar broke into my house today. It's outrageous.
● Don't get angry. A loss of wealth is a gain of health.

Synonymous Expressions

折财人安。

Shécái rén'ān.

"破财(pò cái)" means "lose property" and "免灾(miǎn zāi)" means "dispel disaster". The literal meaning of the expression is "if you lose your property, you'll dispel disaster". If someone loses money or something valuable, you can use this expression to console him.

91

46

别 捣 乱！
Bié dǎoluàn!

Don't make trouble!

● 妈妈，陪我玩儿一会儿游戏吧。
　 Māma, péi wǒ wánr yíhuìr yóuxì ba.

● 别捣乱！妈妈做饭呢，吃完饭
　 Bié dǎoluàn! Māma zuòfàn ne, chī wán fàn

再玩儿。
zài wánr.

○ Mum, can you play games with me for a while?

● Don't make trouble! Mum is cooking, and will play with
you after dinner.

○ 我来帮你钓鱼吧。
　 Wǒ lái bāng nǐ diàoyú ba.

● 别捣乱！鱼马上就要上钩了。
　 Bié dǎoluàn! Yú mǎshàng jiù yào shànggōu le.

○ Let me help you with your fishing.

● Don't make trouble! The fish is going to bite.

Synonymous Expressions

别胡闹！

Bié húnào!

NOTES

The expression is used to admonish some-one not to disrupt an ongoing work or activity. For instance, you can use it with a child who is disrupting your work.

93

47

别多心！

Bié duōxīn !

Don't be so sensitive!

● 你认为我干不了这件事吗？
Nǐ rènwéi wǒ gànbuliǎo zhè jiàn shì ma?

● 别多心！我不是这个意思。
Bié duōxīn! Wǒ bú shì zhège yìsi.

○ You think I can't do this?

● Don't be so sensitive. I didn't mean that.

● 王伟是不是生我的气了？
Wáng Wěi shìbushì shēng wǒ de qì le?

● 别多心，不会的。
Bié duōxīn, bú huì de.

○ Did Wang Wei get angry with me?

● Don't be so sensitive! I don't think he is angry.

Synonymous Expressions

别瞎猜！
Bié xiā cāi!

别瞎想！
Bié xiā xiǎng!

NOTES

When someone is uneasy and suspicious as a result of misunderstanding what you or others say or do, you can use this expression to reassure him.

48

别 多 嘴！
Bié duōzuǐ!

Don't interrupt!

● **我认为他的这种说法不对。**
Wǒ rènwéi tā de zhè zhǒng shuōfǎ bú duì.

● **别多嘴，让他把话说完。**
Bié duōzuǐ, ràng tā bǎ huà shuō wán.

● I think what he's saying is not right.
● Don't interrupt. Let him finish.

● **妈妈，你别老跟爸爸吵架了。**
Māma, nǐ bié lǎo gēn bàba chǎojià le.

● **别多嘴！大人的事情小孩少管。**
Bié duōzuǐ! Dàrén de shìqing xiǎohái shǎo guǎn.

● Mum, don't quarrel with Dad anymore.
● Don't interrupt! You kids mind your own business.

Synonymous Expressions

不许多嘴。
Bùxǔ duōzuǐ.

少多嘴。
Shǎo duōzuǐ.

NOTES

This reprimand is used when you think someone speaks at the wrong time or is not qualified to interrupt. For example, parents may use this expression to stop a child from interrupting adults' conversations.

97

49

别小看人。
Bié xiǎokàn rén.

Don't belittle others.

● 这件事很复杂，你能处理
Zhè jiàn shì hěn fùzá, nǐ néng chǔlǐ
好吗？
hǎo ma?

● 别小看人，我一定会让你
Bié xiǎokàn rén, wǒ yídìng huì ràng nǐ
满意的。
mǎnyì de.

○ This is a complex situation. Can you handle it well?
● Don't belittle me. I'll surely make you satisfied.

● 孩子，这个椅子很重，你能
Háizi, zhège yǐzi hěn zhòng, nǐ néng
搬动吗？
bāndòng ma?

● 妈妈，你别小看人，我已经
Māma, nǐ bié xiǎokàn rén, wǒ yǐjīng
长大了。
zhǎngdà le.

○ Hey kid, this chair is really heavy. Can you lift it?
● Mum, don't belittle me. I've already grown up.

Synonymous Expressions

别瞧不起人呀。

Bié qiáobuqǐ rén ya.

NOTES

This is a confident reply to someone whom you think looks down upon himself or others. In this expression, "小看(xiǎo kàn)" means "to look down upon, to despise". If you think someone looks down upon your ability, you can use this expression in response.

99

50

何必呢？
Hébì ne?

No need for that.

● 工作压力太大，有时候我
Gōngzuò yālì tài dà, yǒushíhou wǒ

都不想活了。
dōu bù xiǎng huó le.

● 何必呢？大不了换个工作。
Hébì ne? Dàbuliǎo huàn gè gōngzuò.

○ I work under too much pressure. Sometimes I just want to kill myself.

● No need for that. At worst, you can find another job.

● 我真受不了我太太那个坏
Wǒ zhēn shòubuliǎo wǒ tàitai nàge huài

脾气，想跟她离婚算了。
píqì, xiǎng gēn tā líhūn suàn le.

● 何必呢？孩子都那么大了。
Hébì ne? Háizi dōu nàme dà le.

○ I really can't bear that bad temper of my wife. I just want to divorce her.

● No need for that. After all, your kid has grown into such a big child.

Synonymous Expressions

何苦呢？

Hékǔ ne?

有什么必要啊？

Yǒu shénme bìyào a?

NOTES

This is an expression to console someone with goodwill in order to persuade him against a poor idea, such as divorce, suicide, and so on. Usually something rational or "reasonable" follows.

51

算 了 吧！
Suàn le ba.

● 这 只 烤 鸭 好 像 有 点 儿 生，
Zhè zhī kǎoyā hǎoxiàng yǒudiǎnr shēng,
我 去 找 服 务 员 来 换 一 只。
wǒ qù zhǎo fúwùyuán lái huàn yì zhī.

● 算 了 吧，凑 合 吃 吧。
Suàn le ba, còuhe chī ba.

○ The roast duck is a little raw. I'll find the server to have it exchanged.

○ Just leave it as it is. I can put up with it.

● 我 明 明 买 了 两 斤 西 红 柿，
Wǒ míngmíng mǎi le liǎng jīn xīhóngshì,
怎 么 少 了 四 两？我 去 找 那 个
zěnme shǎo le sì liǎng? Wǒ qù zhǎo nàge
小 贩 说 说。
xiǎofàn shuōshuo.

● 算 了 吧，以 后 不 在 他 那 儿 买
Suàn le ba, yǐhòu bú zài tā nàr mǎi
就 行 了。
jiù xíng le.

○ I bought two jin of tomato. How come it's four liang less. I'll talk to the peddler.

○ Just leave it as it is and don't buy from him next time.

Synonymous Expressions

行了。
Xíng le.

得了。
Dé le.

NOTES

This is an expression that is used to persuade someone. For example, if your friend has a conflict with someone, you can use this expression to persuade him to give up his own position or to compromise in order to resolve the conflict.

52

万万不可！
Wànwàn bùkě!

Never do that!

● 我觉得工作压力很大，真想
Wǒ juéde gōngzuò yālì hěn dà, zhēn xiǎng

辞职不干了。
cízhí bú gàn le.

● 万万不可！现在工作可不好
Wànwàn bùkě! Xiànzài gōngzuò kě bù hǎo

找了。
zhǎo le.

○ I work under too much pressure. I really want to resign.

● Never do that! It's very hard to get a job right now.

● 咱们挪用点儿公款买房吧。
Zánmen nuóyòng diǎnr gōngkuǎn mǎi fáng ba.

● 那是违法的，万万不可！
Nà shì wéifǎ de, wànwàn bùkě!

○ Why don't we appropriate a little public money to buy a house?

● That's illegal. Never do that!

Synonymous Expressions

千万别!

Qiānwàn bié!

使不得!

Shǐbudé!

NOTES

When a friend is planning to do something rash and harmful you may use this expression to admonish him not to do so in order to avoid bringing about a bad result. The tone of the expression is both cordial and direct.

最好别。
Zuìhǎo bié

● 让我喝一点儿酒吧。
Ràng wǒ hē yìdiǎnr jiǔ ba.

● 最好别，你还要开车呢。
Zuìhǎo bié, nǐ háiyào kāichē ne.

○ Let me drink a little.
● You'd better not. You're driving today.

● 老刘的病很严重，咱们应该
Lǎo Liú de bìng hěn yánzhòng, zánmen yīnggāi

把病情告诉他。
bǎ bìngqíng gàosu tā.

● 最好别，他会受不了的。
Zuìhǎo bié, tā huì shòubuliǎo de.

○ Lao Liu is seriously ill. We should tell him the truth.
● We'd better not. He won't be able to take it.

Synonymous Expressions

最好不要吧。

Zuìhǎo búyào ba.

NOTES

      This is an expression of both admonition and advice. Use this when you think someone's idea or conduct is improper or may entail adverse consequences.

54

不像话。

Bùxiànghuà.

That's shocking!

● 小李的父亲病得很重，他也不
Xiǎo Lǐ de fùqīn bìng de hěn zhòng, tā yě bù

回家看看。
huíjiā kànkan.

● 太不像话了,哪有这样的孩子!
Tài bùxiànghuà le, nǎ yǒu zhèyàng de háizi!

○ Xiao Li's father fell seriously ill and he won't go home to see him.

● That's shocking! How can a son be like that?

● 他又把垃圾从阳台扔出去了。
Tā yòu bǎ lājī cóng yángtái rēng chūqù le.

● 不像话，一点儿公德心都没有。
Bùxiànghuà, yìdiǎnr gōngdéxīn dōu méiyǒu.

○ He threw trash from the balcony again.

● That's shocking! He has no sense of social morality at all.

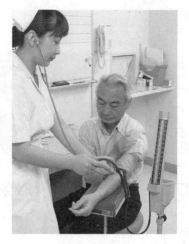

Synonymous Expressions

太不像话了。

Tài búxiànghuà le.

真不像话。

Zhēn búxiànghuà.

NOTES

If you think someone's words or actions are contrary to common sense, even causing people to be resentful or indignant, then you can use this expression to condemn him.

55

太过分了！

Tài guòfèn le!

He's gone too far!

● 老板已经三个月没给我们发
Lǎobǎn yǐjīng sān gè yuè méi gěi wǒmen fā

工资了。
gōngzī le.

● 太过分了，你们还不罢工？
Tài guòfèn le, nǐmen hái bù bàgōng?

○ The boss hasn't paid us salaries for three months!
● He's gone too far! Why don't you go on strike?

● 今天这场比赛裁判吹黑哨，
Jīntiān zhè chǎng bǐsài cáipàn chuī hēishào,

特别不公平。
tèbié bù gōngpíng.

● 是吗？太过分了！
Shì ma? Tài guòfèn le!

○ The referee of today's match is corrupt and outra-
geously unfair.
● Really? He's gone too far.

Synonymous Expressions

太没天理了！

Tài méi tiānlǐ le!

NOTES

This is an expression of strong resentment and condemnation used when what someone says or does exceeds the bearable limits of the average person.

郁闷！
Yùmèn!

● 我也想到国外去看看，但是
Wǒ yě xiǎng dào guówài qù kànkan, dànshì

没有钱，郁闷！
méiyǒu qián,

● 急什么，等你找到了工作就
Jí shénme, dě nǐ zhǎo dào le gōngzuò jiù

有钱出国旅游了。
yǒu qián chū guó lǚyóu le.

○ I want to go abroad as well, but I don't have the money.
Sulk!

● No hurry. You will have money to travel aboard after you
find a job.

● 我又被老板炒鱿鱼了，郁闷！
Wǒ yòu bèi lǎobǎn chǎo yóuyú le, yùmèn!

● 有什么郁闷的，再找工作呗。
Yǒu shénme yùmèn de, zài zhǎo gōngzuò bei.

○ I got fired by the boss again. Sulk!

● It's nothing to sulk about really. Just find another job.

Synonymous Expressions

真受不了!

Zhēn shòubuliǎo!

NOTES

A very popular expression used by young people in China. This phrase implies a sense of resentment and discontentment. You can use this expression when something is beyond your patience and you can't stand it any more.

57

怎 么 搞 的 ？
Zěnme　　gǎo　　de?

What happened?

● 怎么搞的？突然停电了。
　Zěnme gǎo de?　　Tūrán tíngdiàn le.

● 是不是线路出故障了？
　Shìbushì　　xiànlù　chū gùzhàng le?

○ What happened? The electricity suddenly went out.
● Is there something wrong with the power line?

● 咱们订的货他们还没送来。
　Zánmen dìng de huò tāmen hái méi sònglái.

● 怎么搞的？他们怎么这么
　Zěnme gǎo de?　　Tāmen zěnme zhème

不守信用。
bù shǒuxìnyòng.

○ They haven't delivered the goods we ordered.
● What happened? How could they fail to keep their promise?

Synonymous Expressions

怎么回事?

Zěnme huí shì?

> When you can't understand someone's action or the result of something, you can use this expression to question him. It has a sense of resentment, anxiety, and agitation.

58

真 是 的！
Zhēnshìde!

What a pity!

● 你看这手机，刚用了两天就
　Nǐ kàn zhè shǒujī,　gāng yòng le liǎng tiān jiù

出毛病了。
chū máobìng le.

● 真是的，质量真次。
　Zhēnshìde,　zhìliàng zhēn cì.

○ Look at this mobile phone. Something has gone wrong
with it after I used it for only two days.

● What a pity! The quality is really bad.

● 我这次 HSK 考试差一点儿就六
　Wǒ zhè cì　HSK　kǎoshì chà　yìdiǎnr　jiù liù

级了。
jí le.

● 真是的，太可惜了。
　Zhēnshìde,　tài kěxī le.

○ I just missed the chance to pass the HSK test band six
this time.

● Too bad. It's a great pity.

Synonymous Expressions

怎么会这样啊！

Zěnme huì zhèyàng a!

NOTES

This expression is used to show dissatisfaction, pity, and regret. An explanation of the reason is given either before or after the expression.

117

59

真 无 聊 ！
Zhēn wúliáo!

● 小李和小张俩总是为了一些
Xiǎo Lǐ hé Xiǎo Zhāng liǎ zǒngshì wèile yìxiē

小事吵架。
xiǎo shì chǎojià.

● 真 无 聊 ！
Zhēn wúliáo!

○ Xiao Li and Xiao Zhang always quarrel over minor trivialities.

● Tiresome!

● 刘飞特别喜欢在背后说别人
Liú Fēi tèbié xǐhuan zài bèihòu shuō biéren

的坏话。
de huàihuà.

● 这种人，真无聊！
Zhè zhǒng rén, zhēn wúliáo!

○ Liu Fei simply loves to speak ill of others behind their backs.

● This kind of guy is tiresome!

Synonymous Expressions

真没意思。
Zhēn méi yìsi.

真没趣。
Zhēn méi qù.

NOTES

If you have no interest in something or someone, you can use this expression. The tone has a sense of dissatisfaction and disappointment.

119

60

不会吧。

Bù huì ba.

That can't be.

- 听说咱们这儿要地震了。
  Tīngshuō zánmen zhèr yào dìzhèn le.

- 不会吧，一点儿征兆也没有啊。
  Bù huì ba, yìdiǎnr zhēngzhào yě méiyǒu a.

- I hear there's going to be an earthquake here.
- That can't be. There's no sign of it at all.

- 儿子现在还没回来，是不是
  Érzi xiànzài hái méi huílái, shìbushì
  出事了？
  chūshì le?

- 不会吧，你别吓我。
  Bù huì ba, nǐ bié xià wǒ.

- Our son hasn't come back yet. Could there be something wrong?
- That can't be. Don't scare me.

Synonymous Expressions

哪儿会啊。

Nǎr huì a.

If you think what someone said is contrary to common sense, or is unbelievable, you can use this expression to show your doubt.

61

吹 牛！
Chuīniú!

Braggart!

我一小时就能把这些单词背完，
Wǒ yì xiǎoshí jiù néng bǎ zhèxiē dāncí bèiwán,

你信不信？
nǐ xìnbuxìn?

吹牛！我才不信呢。
Chuīniú! Wǒ cái bú xìn ne.

- I can recite these new words in an hour. Do you believe me?
- Braggart! I don't believe you.

我一个人就可以把这个冰箱
Wǒ yí gè rén jiù kěyǐ bǎ zhège bīngxiāng

搬上楼。
bān shàng lóu.

吹牛！这个冰箱沉着呢。
Chuīniú! Zhège bīngxiāng chén zhe ne.

- I can move this fridge upstairs by myself.
- Braggart! This fridge is very heavy.

Synonymous Expressions

别吹了。
Bié chuī le.

别吹牛了。
Bié chuīniú le.

NOTES

This expression literally means "blow the cow". You can use this expression when you think someone is exaggerating. It is usually used between close acquaintances.

62

太夸张了吧。

Tài kuāzhāng le ba.

Unbelievable!

● 今年冬天，南方的雪比北方的
Jīnnián dōngtiān, nánfāng de xuě bǐ běifāng de
还大呢！
hái dà ne!

● 南方的雪怎么会比北方的大呢？
Nánfāng de xuě zěnme huì bǐ běifāng de dà ne?
太夸张了吧。
Tài kuāzhāng le ba.

◐ This winter it snowed more in the south than in the north!

● How could it snow more in the south? Unbelievable!

● 听说老张今年炒股赚了 300 万。
Tīngshuō Lǎo Zhāng jīnnián chǎogǔ zhuàn le sānbǎi wàn.

● 太夸张了吧，明年我也去炒炒。
Tài kuāzhāng le ba, míngnián wǒ yě qù chǎochao.

◐ I hear Lao Zhang made three million dollars by speculating
in the stock market this year.

● Unbelievable! I'll do the same next year.

Synonymous Expressions

可能吗?

Kěnéng ma?

NOTES

Use this expression to show disbelief in response to an exaggeration.

63

怎么会呢？
Zěnme huì ne?

How could that be?

● 咱们走吧，老张他们可能不来了。
Zánmen zǒu ba, Lǎo Zhāng tāmen kěnéng bù lái le.

● 怎么会呢？他说好来的。
Zěnme huì ne? Tā shuō hǎo lái de.

○ Let's go. Lao Zhang and his company may not come.
● How could that be? He promised to come.

● 听说老板去美国了。
Tīngshuō lǎobǎn qù Měiguó le.

● 怎么会呢？我昨天还看见他了
Zěnme huì ne? Wǒ zuótiān hái kànjiàn tā le

呢。
ne.

○ I hear the boss has gone to the US.
● How could that be? I saw him only yesterday.

Synonymous Expressions

不会吧。
Bù huì ba.

不可能。
Bù kěnéng.

NOTES

When you doubt or disbelieve what someone said, you can use this expression as a question in reply.

64

真的吗？
Zhēn de ma?

听说刘德华要举办个人演唱会了。
Tīngshuō Liú Déhuá yào jǔbàn gèrén yǎnchànghuì le.

真的吗？那咱们一定得去看看。
Zhēn de ma?　Nà zánmen yídìng děi qù kànkan.

I hear Andy Lau is to give a concert.
Really? We must go to the concert then.

听说房子马上就要降价了。
Tīngshuō fángzi mǎshàng jiù yào jiàngjià le.

真的吗？如果真是这样就太
Zhēn de ma?　Rúguǒ zhēn shì zhèyàng jiù tài
好了。
hǎo le.

I hear the price of housing is going down.
Really? That's great if it's true.

SYNONYMOUS Expressions

是吗?

Shì ma?

NOTES

When you feel what someone said is unexpected or doubtful, you can use this expression as a question in reply.

65

好家伙！
Hǎojiāhuo!

Good gracious!

● 你看我钓的这条鱼。
Nǐ kàn wǒ diào de zhè tiáo yú.

● 好家伙！这么大个儿。
Hǎojiāhuo! Zhème dà gèr.

○ Look at this fish I got.
● Good gracious! It's so big.

● 好家伙！混得不错嘛，自己
Hǎojiāhuo! Hùn de búcuò ma, zìjǐ

有车了。
yǒu chē le.

● 和你比差远了。
Hé nǐ bǐ chà yuǎn le.

○ Good gracious! You have your own car, you've made your fortune I bet.
● You are far ahead of me.

130

Synonymous Expressions

哟嗬！

Yōhē!

NOTES

Use this expression of surprise when you encounter something unexpected.

66

天 哪！

Tiān na!

My God!

天哪！我的钱包不见了。
Tiān na!　　Wǒ de qiánbāo bú jiàn le.

别急，你再好好找找。
Bié jí,　　nǐ zài hǎohāo zhǎozhao.

My God! I've lost my wallet.

Don't panic. Just try looking for it carefully.

天哪！我中的是头奖呀！
Tiān na!　　Wǒ zhòng de shì tóujiǎng ya!

小声点儿，别让别人听见。
Xiǎo shēng diǎnr,　　bié ràng biéren tīngjiàn.

My God! I've won the first prize in the lottery.

Quiet! Don't let others hear you.

Synonymous Expressions

我的天哪!
Wǒ de tiān na!

妈呀!
Mā ya!

我的妈呀!
Wǒ de mā ya!

NOTES

This is an expression commonly used to show various emotions, such as surprise, fear, regret, or happiness.

67

哇塞！
Wā sài!

● 这是我女儿。
Zhè shì wǒ nǚ'ér.

● 哇塞！长得好漂亮呀。
Wā sài! Zhǎng de hǎo piàoliang ya.

○ This is my daughter.
● Wow! She's so beautiful.

● 我写的书出版了。
Wǒ xiě de shū chūbǎn le.

● 哇塞！你真厉害！
Wā sài! Nǐ zhēn lìhai!

○ My book has just been published.
● Wow! You're good!

Synonymous Expressions

哇！
Wā!

NOTES

Young people in China often use this expression to show surprise and admiration.

原来如此！
Yuánlái rúcǐ!

Oh, I see!

● 玛丽的汉语怎么说得这么好呀？
Mǎlì de Hànyǔ zěnme shuō de zhème hǎo ya?

● 她七岁就跟爸爸妈妈到了中国，
Tā qī suì jiù gēn bàba māma dào le Zhōngguó,
在中国已经生活了十年了。
zài Zhōngguó yǐjīng shēnghuó le shí nián le.

● 哦，原来如此。
Ò, yuánlái rúcǐ.

○ Why does Mary speak Chinese so well?
● She came to China with her parents when she was only seven, and she's been living in China for ten years.
○ Oh, I see.

● 你怎么这么会炒菜？
Nǐ zěnme zhème huì chǎo cài?

● 因为我爸爸是特级厨师呀。
Yīnwèi wǒ bàba shì tèjí chúshī ya.

○ 原来如此。
Yuánlái rúcǐ.

○ Why do you cook so well?
● Because my Dad is a master chef.
○ Oh, I see.

Synonymous Expressions

怪不得呢。
Guàibudé ne.

难怪呢。
Nánguài ne.

NOTES

This expression is used by someone who has a sudden realization of the reason for, or the truth of something and they no longer feel strange.

69

糟糕！
Zāogāo!

What bad luck!

● **怎么有股糊味？**
Zěnme yǒu gǔ húwèi?

● **糟糕，米饭糊了。**
Zāogāo, mǐfàn hú le.

○ Something's burning?

● What bad luck! It's the rice burning.

● **已经七点五十五了，糟糕，**
Yǐjīng qī diǎn wǔshíwǔ le, zāogāo,

我要迟到了。
wǒ yào chídào le.

● **急什么，老师已经通知了，**
Jí shénme, lǎoshī yǐjīng tōngzhī le,

今天不上课。
jīntiān bú shàngkè.

○ It's 7:55 already. What bad luck! I'm gonna be late.

● No hurry. The teacher has said that we don't have class today.

Synonymous Expressions

坏了!
Huài le!

糟了!
Zāo le!

NOTES

This expression occurs spontaneously when someone suddenly realizes that there is a problem.

70

真 没 想 到。
Zhēn méi xiǎngdào.

I never knew that.

● 小刘买了一套别墅。
Xiǎo Liú mǎi le yí tào biéshù.

● 他那么有钱呀，真没想到。
Tā nàme yǒuqián ya,   zhēn méi xiǎngdào.

● Xiao Liu bought a villa.
● He's so rich! I never knew that.

● 真没想到，她骗了我整整
Zhēn méi xiǎngdào,   tā piàn le wǒ zhěngzhěng

二十年。
 èrshí nián.

● 过去的事就别提它了。
Guòqu de shì jiù bié tí tā le.

● I never knew that. She cheated me for twenty years!
● Let bygones be bygones.

Synonymous Expressions

谁能想到呢。

Shéi néng xiǎngdào ne.

NOTES

This expression is a response to an entirely unexpected event, which can be happy, irritating, or pitiable.

71

不见不散。
Bújiàn búsàn.

See you there.

● 明天上午十点咱们公园门口见。
Míngtiān shàngwǔ shí diǎn zánmen gōngyuán ménkǒu jiàn.

● 好，不见不散。
Hǎo, bújiàn búsàn.

● We'll meet at the gate of the park at ten o'clock tomorrow morning.

● OK, see you there.

● 今天晚上六点我在电影院
Jīntiān wǎnshang liù diǎn wǒ zài diànyǐngyuàn

门口等你。
ménkǒu děng nǐ.

● 好，不见不散。
Hǎo, bújiàn búsàn.

● I'll wait for you at the gate of the cinema at six this evening.

● OK, see you there.

Synonymous Expressions

到时候见。

Dào shí hou jiàn.

NOTES

This expression is used to warn someone of an appointment. For example, you and your friend have already agreed upon a time and place to meet, and then you use this expression to emphasize that you will keep the appointment and you want your friend to do the same.

72

待会儿见。
Dāi huìr jiàn.

See you in a minute.

● 我在办公室等你。
Wǒ zài bàngōngshì děng nǐ.

● 好，待会儿见。
Hǎo, dāi huìr jiàn.

○ I'll wait for you at the office.

● OK, see you in a minute.

● 我去办点儿事，一会儿去找
Wǒ qù bàn diǎnr shì, yíhuìr qù zhǎo
你们。
nǐmen.

● 好的，待会儿见。
Hǎode, dāi huìr jiàn.

○ Excuse me for a minute. I'll catch up with you later.

● OK, see you in a minute.

Synonymous Expressions

一会儿见。
Yíhuìr jiàn.

回头见。
Huítóu jiàn.

NOTES

This is a self-evident expression that is used when parting for a short time.

73

一言为定！

Yìyán   wéidìng!

It's a deal!

● 暑假咱们去欧洲旅行，怎么样？
Shǔjià zǎnmen qù Ōuzhōu lǚxíng,   zěnmeyàng?

● 好！一言为定！
Hǎo!   Yìyán wéidìng!

○ How about we go on a tour of Europe this summer vacation?

○ OK, it's a deal!

● 下星期五我们一手交钱，一
Xià Xīngqīwǔ wǒmen yì shǒu jiāo qián,   yì
手交货。
shǒu jiāo huò.

● 那好！一言为定！
Nà hǎo!   Yìyán wéidìng!

○ Next Friday we will execute the transaction.

○ OK, it's a deal!

Synonymous Expressions

说好了。
Shuō hǎo le.

说定了。
Shuō dìng le.

NOTES

This expression is used to indicate that something has been agreed to and will not change.

147

不用了。
Bùyòng le.

● **我来做饭吧。**
Wǒ lái zuòfàn ba.

● **不用了**，你累了一天，歇会儿吧。
Bùyòng le, nǐ lèi le yì tiān, xiē huìr ba.

○ Let me cook the meal.

● No need. You've been working all day, just take a rest.

● **外面下雨了，带把伞吧。**
Wàimian xiàyǔ le, dài bǎ sǎn ba.

● **不用了，雨下得不大。**
Bùyòng le, yǔ xià de bú dà.

○ It's raining outside. Take an umbrella.

● No need. It's a light rain.

Synonymous Expressions

不必了。
Bùbì le.

不需要。
Bù xūyào.

NOTES

This is an expression used to refuse an invitation or an offer of help. You can use this expression when someone offers you help, but you don't want to trouble him.

75

改天吧。
Gǎitiān ba.

Maybe some other time.

咱们下午去买电脑吧。
Zánmen xiàwǔ qù mǎi diànnǎo ba.

改天吧，我今天有事。
Gǎitiān ba, wǒ jīntiān yǒushì.

Let's go and buy a computer this afternoon.

Maybe some other time. I'm busy today.

周末咱们去看看我父母吧。
Zhōumò zánmen qù kànkan wǒ fùmǔ ba.

改天吧，周末我们公司加班。
Gǎitiān ba, zhōumò wǒmen gōngsī jiābān.

Let's visit my parents this weekend.

Maybe some other time. I have to work overtime at the company this weekend.

Synonymous Expressions

下次吧。

Xiàcì ba.

以后吧。

Yǐhòu ba.

NOTES

This is a polite rejection to an invitation. Its literal meaning is "(let's do it) some other day". When you don't want to accept someone's invitation and you don't want to tell him directly, you can use this expression to refuse in a roundabout way.

76

再 说 吧。
Zài shuō ba.

Let's talk it over later.

● 咱们什么时候去看王老师？
Zánmen shénme shíhou qù kàn Wáng lǎoshī?

● 再说吧，我最近特别忙。
Zài shuō ba, wǒ zuìjìn tèbié máng.

○ When shall we visit Mr. Wang?
● Let's talk it over later. I've been very busy recently.

● 咱们商量商量下次去哪儿玩儿。
Zánmen shāngliang shāngliang xià cì qù nǎr wánr.

● 我现在有点儿急事，再说吧。
Wǒ xiànzài yǒu diǎnr jí shì, zài shuō ba.

○ Let's discuss where we will travel to next time.
● I'm attending to something urgent. Let's talk it over later.

Synonymous Expressions

回头再说吧。
Huítóu zài shuō ba.

以后再说。
Yǐhòu zài shuō.

NOTES

Use this expression when you can neither accept nor overtly turn down a request to put off a matter. This expression can also be understood as a roundabout way of expressing a rejection.

77

我手头也不富裕。
Wǒ shǒutóu yě bú fùyù.

I'm feeling the pinch myself.

● **我想买辆车，钱不够，你能借给我点儿吗？**
Wǒ xiǎng mǎi liàng chē, qián bùgòu, nǐ néng jiè gěi wǒ diǎnr ma?

● **真抱歉，我手头也不富裕。**
Zhēn bàoqiàn, wǒ shǒutóu yě bú fùyù.

○ I want to buy a car, but I don't have enough money. Could you lend me some?
● Sorry, I'm feeling the pinch myself.

● **我最近急需用钱，你能借我一些吗？**
Wǒ zuìjìn jí xū yòng qián, nǐ néng jiè wǒ yìxiē ma?

● **恐怕不行，我手头也不富裕。**
Kǒngpà bùxíng, wǒ shǒutóu yě bú fùyù.

○ I'm in urgent need of money right now. Would you lend me some?
● I'm afraid I can't. I'm feeling the pinch myself.

154

Synonymous Expressions

我手头也缺钱。
Wǒ shǒutóu yě quēqián.

我手头也不宽裕。
Wǒ shǒutóu yě bù kuānyù.

Use this expression to show a polite and tactful refusal to lend money to someone when you do not have or are not willing to lend money.

78

当心！

Dāngxīn!

Watch out!

● 当心！前面有车。
Dāngxīn! Qiánmian yǒu chē.

● 谢谢你提醒我。
Xièxie nǐ tíxǐng wǒ.

○ Watch out! There's a car ahead!
● Thank you for reminding me.

● 当心！那儿有警察，别开
Dāngxīn! Nàr yǒu jǐngchá, bié kāi

那么快！
nàme kuài!

● 哦，我知道了。
Ò, wǒ zhīdào le.

○ Watch out! There is a policeman there. Don't drive too
fast!
● Oh, I see.

Synonymous Expressions

小心！

XiǎoxīnI

NOTES

This is an expression of warning used to urge someone to pay attention to what's happening at the moment. The tone usually carries a sense of urgency.

多 联 系。
duō   liánxì

● 你当了总经理，可别忘了我们
Nǐ dāng le zǒngjīnglǐ,   kě bié wàng le wǒmen

呀，多联系！
ya,   duō liánxì!

● 忘不了，我会常跟你们联系的！
Wàngbuliǎo,   wǒ huì cháng gēn nǐmen liánxì de!

○ You're general manager now. Don't forget us, and stay in touch.
● Of course I won't forget you. I'll contact you often.

● 谢谢你打电话给我，以后我们
Xièxie nǐ dǎ diànhuà gěi wǒ,   yǐhòu wǒmen

多联系。
duō liánxì.

● 好，多联系。
Hǎo,   duō liánxì.

○ Thank you for calling me. Let's stay in touch from now on.
● OK, stay in touch.

Synonymous Expressions

保持联系。
Bǎochí liánxì.

常联系。
Cháng liánxì.

NOTES

This expression can be said to a parting friend or a friend who is far away. The aim is to encourage them to stay in touch.

慢 点 儿！

Màn diǎnr!

Be careful.

● 妈，我上班去了。

Mā, wǒ shàngbān qù le.

● 慢点儿，路上车多。

Màn diǎnr, lùshang chē duō.

○ Mum, I'm going to work.

● Be careful. The traffic is heavy.

● 外面的雪下得真大。

Wàimian de xuě xià de zhēn dà.

● 慢点儿，别摔了。

Màn diǎnr, bié shuāi le.

○ It's snowing heavily outside.

● Be careful. Don't slip.

Synonymous Expressions

小心点儿!

Xiǎoxīn diǎnr!

NOTES

This expression is used to show concern for someone. If your friend is preparing to do something, you use this expression to warn him to be careful and not to be in a hurry.

听你的！
Tīng nǐ de!

At your command!

● 今天咱们吃饺子，还是吃面条？
Jīntiān zánmen chī jiǎozi, háishi chī miàntiáo?

● 听你的！你做什么我就吃什么。
Tīng nǐ de! Nǐ zuò shénme wǒ jiù chī shénme.

○ Shall we eat jiaozi or noodles today?
● At your command! I'll eat whatever you cook.

● 咱们是星期六还是星期天去看
Zánmen shì Xīngqīliù háishi Xīngqītiān qù kàn

我妈妈？
wǒ māma?

● 哪天都行，听你的。
Nǎ tiān dōu xíng, tīng nǐ de.

○ Shall we go and visit my mother this Saturday or Sunday?
● Whatever, I'm at your command.

Synonymous Expressions

随你。
Suí nǐ.

你说吧。
Nǐ shuō ba.

NOTES

The use of this expression indicates you respect the wishes and choices of your partner.

无 所 谓。

Wúsuǒwèi.

I don't care.

● **你知道别人怎么议论你吗？**
　Nǐ zhīdào biéren zěnme yìlùn nǐ ma?

● **别人怎么说，我无所谓。**
　Biéren zěnme shuō, wǒ wúsuǒwèi.

○ Do you know how others say about you?

● Whatever they say, I don't care.

● **给你换个新办公桌吧。**
　Gěi nǐ huàn gè xīn bàngōngzhuō ba.

● **新旧无所谓，能用就行。**
　Xīn jiù wúsuǒwèi, néng yòng jiù xíng.

○ Let me get you a new desk.

● I don't care whether it's old or new, as long as it's usable.

Synonymous Expressions

我不介意。
Wǒ bú jièyì.

我不在乎。
Wǒ bú zàihu.

NOTES

    This expression is used to indicate that you are very open and tolerant about the choice to be made.

83

信不信由你。

Xìnbuxìn yóu nǐ

Believe it or not.

● **你说他开了一个公司？我不信。**
Nǐ shuō tā kāi le yí gè gōngsī?　　Wǒ bú xìn.

● **信不信由你。**
Xìnbuxìn yóu nǐ.

○ You said he opened his own company? I don't believe it.
● Believe it or not.

● **他怎么能赢呢？**
Tā zěnme néng yíng ne?

● **我不想跟你多解释什么了，**
Wǒ bù xiǎng gēn nǐ duō jiěshì shénme le,

信不信由你！
xìnbuxìn yóu nǐ!

○ How could he win?
● Believe it or not! I won't explain it any more.

166

Synonymous Expressions

爱信不信。

Àixìn bùxìn.

不信拉倒。

Búxìn lādǎo.

The expression is used to indicate that you don't care about the suspicion of others when they doubt what you have said.

84

怎 么 都 行 。

Zěnme dōu xíng.

Whatever.

中秋节咱们买不买月饼?

Zhōngqiūjié zánmen mǎibumǎi yuèbǐng?

听你的,怎么都行。

Tīng nǐ de, zěnme dōu xíng.

- Shall we buy some moon cakes this Mid-Autumn Festival?
- Whatever you want to do is fine.

今年春节咱们去哪儿玩呀?

Jīnnián Chūnjié zánmen qù nǎr wán ya?

你说吧,怎么都行。

Nǐ shuō ba, zěnme dōu xíng.

- Where shall we travel to during the Spring Festival?
- Whatever you want to do is fine.

Synonymous Expressions

随便。
Suíbiàn.

怎么都可以。
Zěnme dōu kěyǐ.

The expression is used to transfer your right of making a choice to your partner. You will abide by his decision.

To Let Go ◎ 听任

85

不干不行啊。
Bù gàn bùxíng a.

I have no choice.

● 走，咱们去跳舞吧，别加班了。
　Zǒu,　zánmen qù tiàowǔ ba,　bié jiābān le.

● 这是急活，不干不行啊。
　Zhè shì jí huó,　bù gàn bùxíng a.

○ Let's go dancing. Don't work overtime any more.

● This is urgent. I have no choice.

● 你身体不好，别这么玩儿命工作了。
　Nǐ shēntǐ bù hǎo,　bié zhème wánr mìng gōngzuò le.

● 不干不行啊，一家人都指望我呢。
　Bù gàn bùxíng a,　yì jiā rén dōu zhǐwàng wǒ ne.

○ You're not in good health. Don't work so hard.

● I have no choice. My family depends on me.

没法子呀。

Méi fǎzi ya.

NOTES

This is a sighing expression of helplessness. Use it when you don't want to do something, but you have to do it. Because if you don't, there will be a very serious result.

86

没办法。
Méi bànfǎ.

There's nothing I can do.

● 你怎么又来晚了？
Nǐ zěnme yòu lái wǎn le?

● 没办法，路上堵车。
Méi bànfǎ, lùshang dǔ chē.

○ Why are you late again?
● There was nothing I could do. I encountered a traffic jam on the way.

● 你们怎么天天加班呀？
Nǐmen zěnme tiāntiān jiābān ya?

● 没办法，事情多，做不完。
Méi bànfǎ, shìqing duō, zuòbuwán.

○ Why do you work overtime every day?
● There's nothing I can do. There is too much to do.

Synonymous Expressions

没辙。

Méi zhé.

NOTES

This expression has a tone of helplessness. It means that you have no control over events. You can only let matters take their own course.

87

听天由命吧。
Tīngtiān yóumìng ba.

Just let it be.

● 这次考试我一点儿把握也没有。
Zhè cì kǎoshì wǒ yìdiǎnr bǎwō yě méiyǒu.

● 别想了，听天由命吧。
Biē xiǎng le, tīngtiān yóumìng ba.

○ I'm not sure of the examination at all.

● Don't think about it anymore. Just let it be.

● 食物和水几乎都没有了，
Shíwù hé shuǐ jīhū dōu méiyǒu le,

怎么办啊？
zěnmebàn a?

● 听天由命吧。
Tīngtiān yóumìng ba.

○ Food and water are running out. What should we do?

● Just let it be.

Synonymous Expressions

看老天爷的了。

Kàn lǎotiānyé de le

NOTES

This expression has a tone of helplessness.
It literally means "just let providence or fate decide".
Use it when you have no recourse and can only leave
matters to providence.

88

你以为你是谁？
Nǐ yǐwéi nǐ shì shéi?

Who do you think you are?

● 你怎么总是对我指手画脚， 你
Nǐ zěnme zǒngshì duì wǒ zhǐshǒu huàjiǎo, nǐ

以为你是谁？
yǐwéi nǐ shì shéi?

● 真不知好歹，我是为你好。
Zhēn bù zhī hǎodǎi, wǒ shì wèi nǐ hǎo.

○ Why are you always telling me what to do? Who do you think you are?

● You must be senseless. I do it for your own good.

● 小林，你欺负小同学是不对的，
Xiǎo Lín, nǐ qīfu xiǎo tóngxué shì bú duì de,

快向人家道歉。
kuài xiàng rénjiā dàoqiàn.

● 你以为你是谁？居然敢管我。
Nǐ yǐwéi nǐ shì shéi? Jūrán gǎn guǎn wǒ.

○ Xiao Lin, you're wrong to bully those younger class-mates. You must apologize to them at once.

● Who do you think you are? How dare you poke your nose into my business?

Synonymous Expressions

你算老几!

Nǐ suàn lǎo jǐ!

NOTES

If you think there are some problems with someone's behavior or the way they do things, such as being arrogant and looking down upon others, you can say "你以为你是谁(nǐ yǐwéi nǐ shì shéi)" to him. Your aim is to get him to realize that there is no difference between him and others, and that he should respect other people.

89

你这是什么态度？
Nǐ zhè shì shénme tàidù?

What kind of attitude is that?

● 小明，以后不能玩儿得这么晚！
Xiǎomíng, yǐhòu bū néng wānr de zhème wǎn!

● 别管我。
Biē guǎn wǒ.

● 你这是什么态度？
Nǐ zhè shì shénme tàidù?

○ Xiao Ming, never play this late again!
● Leave me alone.
○ What kind of attitude is that?

● 别躺在床上看书。
Biē tǎng zài chuāng shang kānshū.

● 少烦我。
Shǎo fán wǒ.

● 你这是什么态度？真没礼貌。
Nǐ zhè shì shénme tàidù? Zhēn méi lǐmào.

○ Don't read in bed.
● Mind your own business.
○ What kind of attitude is that? You're really rude.

Synonymous Expressions

什么态度啊！

Shénme tàidù a!

NOTES

This expression doesn't mean that you want to know a person's actual attitude, but is used to express a strong resentment or protest against someone else's bad attitude.

Challenge ◉ 质问

179

90

这与你有什么关系?

Zhè yǔ nǐ yǒu shénme guānxì?

What's it to you?

● **对不起，请您不要随便扔垃圾。**
Duìbuqǐ, qǐng nín búyào suíbiàn rēng lājī.

● **这与你有什么关系?**
Zhè yǔ nǐ yǒu shénme guānxì?

○ Sorry, but don't litter everywhere.

● What's it to you?

● **你的车怎么停在这儿了?**
Nǐ de chē zěnme tíng zài zhèr le?

● **停在这儿怎么了?** 这与你有什么
Tíng zài zhèr zěnme le? Zhè yǔ nǐ yǒu shénme

关系?
guānxì?

○ Why did you park your car here?

● Why can't I park here? What's it to you?

Synonymous Expressions

不关你的事!
Bù guān nǐ de shì!

关你什么事!
Guān nǐ shénme shì!

In the expression "这与你有什么关系(zhè yǔ nǐyǒu shénme guānxì)", "关系(guānxì)" means "to have a bearing on". This expression means: this has nothing to do with you. The speaker doesn't want anyone to interfere.

91

你有什么资格指责我?

Nǐ yǒu shénme zīgé zhǐzé wǒ?

Why do you think you're good enough to blame me?

● 你有什么资格指责我?
Nǐ yǒu shénme zīgé zhǐzé wǒ?

● 你做得不对，我怎么不能说你!
Nǐ zuò de bú duì, wǒ zěnme bù néng shuō nǐ!

○ Why do you think you're good enough to blame me?
● What you did is wrong. Of course I can criticize you.

● 你怎么随便扔垃圾呢?
Nǐ zěnme suíbiàn rēng lājī ne?

● 你有什么资格指责我? 你自己也
Nǐ yǒu shénme zīgé zhǐzé wǒ? Nǐ zìjǐ yě
是这样。
shì zhèyàng.

○ Why do you litter everywhere?
● Why do you think you're good enough to blame me?
You also did the same thing.

Synonymous Expressions

还轮不到你说我呢！

Hái lúnbudào nǐ shuō wǒ ne!

The literal meaning of this expression is "what qualifications do you have to blame me?" It is a rhetorical question meaning: you are not qualified to find fault with me. This is a strong resentment toward a person who lays blame on you.

92

恭喜恭喜！
Gōngxǐ   gōngxǐ!

Congratulations!

● 告诉你一个好消息，我找到
Gàosu nǐ yí gè hǎo xiāoxi,   wǒ zhǎodào

工作了。
gōngzuò le.

● 恭喜恭喜！你该请客了。
Gōngxǐ gōngxǐ!   Nǐ gāi qǐngkè le.

○ Let me tell you some good news: I've found a job.
● Congratulations! You should give a party.

● 下星期我结婚，你来喝喜酒吧。
Xià xīngqī wǒ jiéhūn,   nǐ lái hē xǐjiǔ ba.

● 恭喜恭喜！我一定去。
Gōngxǐ gōngxǐ!   Wǒ yídìng qù.

○ I'm getting married next week. Please come to the party.
● Congratulations! I'll surely go.

Synonymous Expressions

祝贺祝贺!

Zhùhè zhùhè!

NOTES

This is an expression of good wishes and congratulations on the occasion of a marriage, birth of a child, going to school, promotion, getting a job, winning the lottery, and so on.

93

一路顺风！
Yílù shùnfēng!

Bon voyage!

● 听说你明天就要去中国留学了，
Tīngshuō nǐ míngtiān jiù yào qù Zhōngguó liúxué le,

祝你一路顺风。
zhù nǐ yílù shùnfēng.

● 谢谢！
Xièxie!

○ I hear you're leaving to study in China tomorrow. Bon voyage!
● Thanks!

○ 我明天就要去北京旅游了。
Wǒ míngtiān jiù yào qù Běijīng lǚyóu le.

● 真的？祝你一路顺风！
Zhēnde? Zhù nǐ yílù shùnfēng!

○ I'm going to travel to Beijing tomorrow.
● Really? Bon voyage!

Synonymous Expressions

一路平安！

Yílù píng'ān!

NOTES

This is an auspicious expression used when you see someone off. It is usually used at an airport or train station. For example, if your friend is going to travel or study abroad, you can use this to express good wishes to him at the airport when you say goodbye.

94

祝你成功！
Zhù nǐ chénggōng!

I wish you success!

● 我下决心要把这个企业办好。
Wǒ xià juéxīn yào bǎ zhège qǐyè bànhǎo.

● 好样的，祝你成功。
Hǎoyàngde, zhù nǐ chénggōng.

○ I'm determined to make this business a successful one.

● Good. I wish you success.

● 明天我要参加汽车越野比赛。
Míngtiān wǒ yào cānjiā qìchē yuèyě bǐsài.

● 祝你成功！
Zhù nǐ chénggōng!

○ Tomorrow I'm going to join an off-road auto race.

● I wish you success!

Synonymous Expressions

祝你马到成功！

Zhù nǐ mǎdào chénggōng!

NOTES

This expression conveys your wish for someone's success when someone faces something important and they hope to succeed very much.

95

过奖了！

Guòjiǎng le!

Not really!

● 你的汉语说得真好，在哪儿
Nǐ de Hànyǔ shuō de zhēn hǎo, zài nǎr

学的?
xué de?

● 过奖了！我是自学的。
Guòjiǎng le! Wǒ shì zìxué de.

○ You speak very good Chinese. Where did you learn it?
● Not really! I taught myself.

● 真看不出你还是个电脑高手呀！
Zhēn kànbuchū nǐ háishi gè diànnǎo gāoshǒu ya!

● 呵呵，过奖了！
Hēhē, guòjiǎng le!

○ I never knew you were such a computer expert!
● Oh, not really!

190

Synonymous Expressions

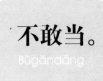

不敢当。

Bùgǎndāng.

NOTES

The literal meaning of this expression is "you're overpraising me", a typical Chinese way of expressing contentment to show modesty. When someone praises you or your family members and you feel that the praise is too great, you can use this expression.

96

让 您 见 笑 了 。
Ràng nín jiānxiào le.

Don't restrain your criticisms.

● 这首诗是你做的吧？
Zhè shǒu shī shì nǐ zuò de ba?

● 嗯，让您见笑了。
Ng, ràng nín jiānxiào le.

○ Did you write this poem?

● Eh, don't restrain your criticisms.

● 你这篇论文写得真不错。
Nǐ zhè piān lùnwén xiě de zhēn búcuò.

● 哪里，让您见笑了。
Nǎlǐ, ràng nín jiānxiào le.

○ Your thesis is really well written.

● Oh, don't restrain your criticisms.

见笑了。

Jiānxiào le.

This expression shows self-modesty. For example, when someone praises an article that you wrote, you can say "写得不好，让您见笑了(xiě de bù hǎo, ràng nín jiānxiào le)" to show your modesty.

97

哪里，哪里！
Nǎlǐ, nǎlǐ!

● 装修房子你是专家，我得向你
Zhuāngxiū fángzi nǐ shì zhuānjiā, wǒ děi xiàng nǐ
请教。
qǐngjiào.

● 哪里，哪里！谈不上请教。
Nǎlǐ, nǎlǐ! Tánbushàng qǐngjiào.

○ You're an expert in house decorating. I need your instruction.

● Don't say that. I can offer help, but not instruction.

● 电脑方面你还得指导指导我。
Diànnǎo fāngmiàn nǐ hái děi zhǐdǎo zhǐdǎo wǒ.

● 哪里，哪里！互相学习吧。
Nǎlǐ, nǎlǐ! Hùxiāng xuéxí ba.

○ Regarding the computer, you still have to give me guidance.

● Don't say that. We can learn from each other.

Synonymous Expressions

哪里！
Nǎlǐ!

哪儿呀！
Nǎr ya!

This expression can be used to show your modesty when someone praises you. Its literal meaning of "where, where" is a very Chinese response to a compliment.

98

请多多包涵。

Qǐng duōduō bāohán.

Please forgive me.

● **我刚来，对公司的情况还不太熟悉，**
Wǒ gāng lái, duì gōngsī de qíngkuàng hái bú tài shúxī,

不当之处，请多多包涵。
búdàng zhīchù, qǐng duōduō bāohán.

● **哪里，哪里！我还得向你学习呢。**
Nǎilǐ, nǎilǐ! Wǒ hái děi xiàng nǐ xuéxí ne.

○ I'm new here and unfamiliar with the company's situation.
Please forgive me if I do anything inappropriate.

● Don't say that. I have to learn from you.

● **我的孩子不太懂事，请多多包涵。**
Wǒ de háizi bú tài dǒngshì, qǐng duōduō bāohán.

● **您孩子挺不错的。**
Nín háizi tǐng búcuò de.

○ My child is a little rash. Please forgive him/her.

● Your child is a good kid.

Synonymous Expressions

请多多指教。

Qǐng duōduō zhǐjiào.

This is a polite expression used on formal occasions to solicit forgiveness for improper conduct.

99

让你破费了。

Ràng nǐ pòfèi le.

You've spent too much on this.

● 这是我送给您的礼物。
Zhè shì wǒ sòng gěi nín de lǐwù.

● 哟，买这么贵重的东西干什么!
Yō, mǎi zhème guìzhòng de dōngxi gàn shénme!

让你破费了。
Ràng nǐ pòfèi le.

● This is our present for you.
● Oh, a very expensive gift! You've spent too much on this.

● 今天这顿饭，让你破费了吧?
Jīntiān zhè dùn fàn, ràng nǐ pòfèi le ba?

● 哪里，我还得感谢你们赏光呢。
Nǎlǐ, wǒ hái děi gǎnxiè nǐmen shǎngguāng ne.

● Haven't you spent too much on the dinner today?
● Don't say that. I'm very grateful that you came.

Synonymous Expressions

让你掏腰包了。

Ràng nǐ tāo yāobāo le.

This is an expression of gratitude, and as it were, a very Chinese one. In China, the recipient of a gift uses this expression to indicate his understanding and appreciation of the sender's friendly feelings.

100

一切还好吧？
Yíqiè hái hǎo ba?

Is everything OK?

● 好久不见了！一切还好吧？
Hǎojiǔ bú jiàn le! Yíqiè hái hǎo ba?

● 还行。
Hái xíng.

○ Long time no see! Is everything OK?
● Everything's fine.

● 您什么时候出的院？一切
Nín shénme shíhou chū de yuàn? Yíqiè

还好吧？
hái hǎo ba?

● 还好，恢复得差不多了。
Hái hǎo, huīfù de chàbuduō le.

○ When did you leave the hospital? Is everything OK?
● Everything's fine. I've almost recovered.

Synonymous Expressions

最近怎么样？
Zuìjìn zěnmeyàng?

都挺好的吧？
Dōu tǐng hǎo de ba?

NOTES

This is a polite expression used when two people meet each other. It conveys one's respects and concerns. You do not have to respond with a concrete answer. Saying only "还行(hái xíng)" or "不错(búcuò)", and so on, is OK.

歇后语 Allegorical Phrases

1. **茶壶里煮饺子——有口道（倒）不出**
   cháhú li zhǔ jiǎozi　　yǒu kǒu dào (dǎo) bù chū
   Dumplings in a teapot — cannot be poured out (being unable to properly express oneself) (a play on the words 道[dào] and 倒[dào]).

2. **打破沙锅——问（璺）到底**
   dǎ pò shāguō　　wèn (wèn) dào dǐ
   Break an earthenware pot — cracked to the bottom (to interrogate thoroughly to get to the bottom of a matter) (a play on the words 问 [wèn] and 璺 [wèn]).

3. **电线杆子绑鸡毛——好大胆（掸）子**
   diànxiàn gānzi bǎng jīmáo　　hǎo dà dǎn (dǎn) zi
   Tie feathers to a power pole — what a big duster (what gall) (a play on the words 胆 [dǎn] and 掸 [dǎn]).

4. **鳄鱼的眼泪——假慈悲**
   èyú de yǎnlèi　　jiǎ cíbēi
   Shedding crocodile tears — insincere show of sorrow.

5. **飞蛾扑火——自取灭亡**
   fēi é pū huǒ　　zì qǔ mièwáng
   A moth flies into a fire — to court destruction.

6. **狗拿耗子——多管闲事**
   gǒu ná hàozi　　duōguǎn xiánshì
   A dog that catches mice — to poke one's nose into other people's business.

7. 狗撵鸭子——呱呱叫
   gǒu niǎn yāzi   guāguā jiào
   A dog chasing ducks — the ducks call out "quack, quack" (implies that someone is great or excellent).

8. 狗咬吕洞宾——不识好人心
   gǒu yǎo Lǚ Dòngbīn   bù shí hǎo rén xīn
   The dog bites Lü Dongbin — biting the hand that feeds you.

9. 韩信用兵——多多益善
   Hán Xìn yòng bīng   duōduō yì shàn
   Like soldiers at war — the more the better.

10. 和尚打伞——无法（发）无天
    héshang dǎ sǎn   wú fǎ （fà） wú tiān
    A monk holding an umbrella — above his head there is no hair and no sky (shows no respect for law or authority) (a play on the words 法[fǎ] and 发[fà]).

11. 和尚头上的虱子——明摆着
    héshang tóu shang de shīzi   míng bǎi zhe
    A louse on the head of a monk — in plain sight.

12. 画蛇添足——多此一举
    huà shé tiān zú   duō cǐ yì jǔ
    Drawing a picture of a snake with feet — more than enough is too much.

13. 黄鼠狼给鸡拜年——没安好心
    huángshǔláng gěi jī bàinián   méi ān hǎo xīn
    A weasel wishing Happy New Year to a chicken — harboring no good intention.

14. 鸡蛋里头挑骨头——无中生有
jīdàn li tou tiāo gǔtou　　wú zhōng shēng yǒu

Looking for a bone in an egg – purely fictitious or fabricated.

15. 姜太公钓鱼——愿者上钩
Jiāng tàigōng diàoyú　yuàn zhě shànggōu

Jiang Taigong fishing (with a straight hook) – only the willing will get hooked.

16. 孔夫子搬家——净是输（书）
Kǒng fūzi bānjiā　　jìng shì shū（shū）

Confucius moves to a new house – nothing but books (loses all the time) (a play on the words 输 [shū] and 书[shū]).

17. 老虎屁股——摸不得
lǎohǔ pìgu　　mōbude

A tiger's buttocks – untouchable.

18. 临阵磨枪——不快也光
lín zhèn mó qiāng　bú kuài yě guāng

Sharpen a spear only before a battle – If it's not sharp, at least it's bright (implies that someone starts to prepare only at the last moment).

19. 聋子耳朵——摆设
lóngzi ěrduo　　bǎishè

A deaf man's ears – just for show.

20. 麻布袋上绣花——底子太差
mábùdài shang xiùhuā　　dǐzi tài chà

Embroidering on a piece of sackcloth – the basis rots.

21. 泥菩萨过江——自身难保
ní púsà guò jiāng　　zìshēn nánbǎo

A clay Buddha crossing a stream – hardly able to save oneself.

22. 骑驴看唱本——走着瞧
qí lǘ kàn chàngběn   zǒu zhe qiáo
Reading a book on the donkey-back — wait and
see how things work out.

23. 秋后的蚂蚱——蹦不了几天
qiū hòu de màzha   bèngbuliǎo jǐ tiān
A grasshopper at the end of autumn — its jumping
days are numbered (it will die soon).

24. 肉包子打狗——有去无回
ròu bāozi dǎ gǒu   yǒu qù wú huí
Chasing a dog by throwing meat dumplings at it —
gone, never to return (to lose something instead
of accomplishing a goal).

25. 三十六计——走为上
sānshíliù jì   zǒu wéi shàng
Of the thirty-six stratagems — the best is running
away.

26. 杀鸡用牛刀——小题大作
shā jī yòng niú dāo   xiǎo tí dà zuò
Use a pole-axe to kill a chicken — to overdo some-
thing.

27. 十五个吊桶打水——七上八下
shíwǔ gè diàotǒng dǎ shuǐ   qī shàng bā xià
Fifteen buckets to draw water from a well — sev-
en up and eight down (at sixes and sevens, in
disorder).

28. 铁公鸡——一毛不拔
tiě gōngjī   yì máo bù bá
Like an iron rooster — not a feather can be pulled
out (miserly, very stingy).

29. 头顶生疮，脚底流脓——坏透了
    tóudǐng shēng chuāng, jiǎo dǐ liú nóng huài tòu le
    Ulcer on the head and pus on the foot — to be
    rotten to the core.

30. 兔子的尾巴——长不了
    tùzi de wěiba   chángbuliǎo
    Like the tail of a hare — it can't grow longer (some-
    thing won't last long).

31. 亡羊补牢——为时不晚
    wáng yáng bǔ láo   wéi shí bù wǎn
    Mend the fence after the sheep is lost — it's not
    too late yet (it's never too late).

32. 王八吃称砣——铁了心
    wángba chī chēngtuó   tiě le xīn
    Like a tortoise that has eaten a weight — its heart
    is as determined as iron.

33. 王婆卖瓜——自卖自夸
    Wáng pó mài guā   zì mài zì kuā
    Like Mother Wang selling melons — she praises
    what she sells (every potter praises his own pots).

34. 鲜花插在牛粪上——不配
    xiānhuā chā zài niúfèn shang   bú pèi
    Like a flower placed in a lump of bull shit —
    unmatched.

35. 小葱拌豆腐———清（青）二白
    xiǎo cōng bàn dòufu   yì qīng（qīng）èr bái
    Small onions of azure blue and white mixed with
    white bean curd — one is blue and the other is
    white (something is perfectly clear) (a play on the
    words 清 [qīng] and 青 [qīng]).

36. 芝麻开花——节节高
zhīma kāihuā jié jié gāo
Sesame stalk putting forth flowers — notch-by-notch, higher and higher (rising steadily).

37. 周瑜打黄盖——一个愿打，一个愿挨
Zhōu Yú dǎ Huáng Gài yí gè yuàn dǎ, yí gè yuàn āi
Like Zhou Yu beating Huang Gai — one is willing to beat and the other is willing to be beaten (notes: from a fourteenth century novel based on events that took place in the third century A.D. Zhou Yu of the Kingdom of Wu cruelly beat Huang Gai, another Wu general who accepted the beating, and then sent him to the enemy camp in order to win a battle by deceiving the enemy).

38. 猪八戒照镜子——里外不是人
Zhū Bājiè zhào jìngzi lǐ wài bū shì rén
Zhu Bajie looking at himself in a mirror — not a person inside or outside (to be blamed by everyone).

39. 猪鼻子插葱——装象
zhū bízi chā cōng zhuāng xiàng
A pig is sticking scallions into its nostrils — pretending to be an elephant (to pretend to be other than what you really are).

40. 竹篮打水——一场空
zhū lán dǎ shuǐ yì chǎng kōng
Like ladling water with a wicker basket — all in vain (wasted effort).

1. **百闻不如一见。**
   Bǎi wén bù rú yí jiàn.
   Seeing is believing. (Seeing once is worth hearing a hundred times.)

2. **冰冻三尺非一日之寒。**
   Bīng dòng sān chǐ fēi yí rì zhī hán.
   Rome was not built in a day. (One day's cold can't form three feet of ice.)

3. **病从口入，祸从口出。**
   Bìng cóng kǒu rù, huò cóng kǒu chū.
   A closed mouth catches no flies and careful talk avoids trouble. (Diseases go into the mouth and misfortunes come out of it.)

4. **不打不成交。**
   Bù dǎ bù chéng jiāo.
   No discord, no concord. (Conflicts make a companion.)

5. **初生牛犊不怕虎。**
   Chū shēng niúdú bú pà hǔ.
   The less wit, the more courage. (A new-born calf is not afraid of the tiger.)

6. **大树底下好乘凉。**
   Dà shù dǐ xià hǎo chéngliáng.
   Good shade is found under a big tree.

7. **刀子嘴，豆腐心。**
   Dāozi zuǐ, dòufu xīn.
   His bark is worse than his bite. (A mouth as sharp as knife and a heart as soft as cake.)

8. 防君子不防小人。
Fāng jūnzǐ bù fāng xiǎorén.
The devil lurks behind the cross. (It can only guard against the good but not the bad.)

9. 功夫不负有心人。
Gōngfu bú fù yǒuxīnrén.
Efforts never fail the aspiring.

10. 好的开端是成功的一半。
Hǎo de kāiduān shì chénggōng de yíbàn.
Well begun is half done.

11. 好借好还，再借不难。
Hǎo jiè hǎo huán, zài jiè bù nán.
He who borrows to repay may borrow yet another day. (Return what you borrowed before and you may borrow once more.)

12. 好事不出门，坏事传千里。
Hǎo shì bù chūmén, huài shì chuán qiān lǐ.
Bad news has wings. (Good deeds stay inside, and ill deeds travel far and wide.)

13. 患难见真情。
Huànnàn jiàn zhēnqíng.
Adversity is the test of friendship. (A friend in need is a friend indeed.)

14. 机不可失，时不再来。
Jī bù kě shī, shí bù zài lái.
Opportunity seldom knocks twice. (A missed chance is missed for good.)

15. 家丑不可外扬。
Jiā chǒu bù kě wài yáng.
Air your dirty linen at home. (A family stain is not to be aired.)

16. 家家有本难念的经。
Jiā jiā yǒu běn nán niàn de jīng.
Every family has a skeleton in the closet. (Every family has its own sad story.)

17. 姜还是老的辣。
Jiāng háishi lǎo de là.
The older, the wiser. (Ginger is spiciest when it matures.)

18. 来得早不如来得巧。
Lái de zǎo bùrú lái de qiǎo.
The hindmost dog may catch the hare. (Early is not as good as the right time.)

19. 来而不往非礼也。
Lái ér bù wǎng fēi lǐ yě.
Mutuality is propriety.

20. 没有不透风的墙。
Méiyǒu bù tòufēng de qiáng.
Walls have ears. (There's no wall without a crack.)

21. 磨刀不误砍柴功。
Mó dāo bù wù kǎn chái gōng.
Sharpening your ax will not delay your job of cutting wood.

22. 强扭的瓜不甜。
Qiǎng niǔ de guā bù tián.
Love cannot be forced. (A melon too early plucked is not sweet.)

23. 巧妇难为无米之炊。
Qiǎo fù nán wéi wú mǐ zhī chuī.
Without rice, even the cleverest housewife cannot cook.

24. 亲兄弟，明算账。
Qīn xiōngdì, míng suànzhàng.
Even reckoning makes long friends. (The account must be clear even between blood brothers.)

25. 清官难断家务事。
Qīngguān nán duàn jiāwùshì.
Family affairs often confuse the cleverest judge.

26. 人多力量大。
Rén duō lìliang dà.
The more people, the more power.

27. 身正不怕影子斜。
Shēn zhèng bú pà yǐngzi xié.
A clean hand wants no washing. (An upright man does not worry about his crooked shadow.)

28. 胜败乃兵家常事。
Shèng bài nǎi bīngjiā chángshì.
You win some, you lose some. (Winning and losing are commonplace in war.)

29. 树挪死，人挪活。
Shù nuó sǐ,   rén nuó huó.
A tree dies if moved, a man lives by moving.

30. 说曹操，曹操到。
Shuō cáocāo, cáocāo dào.
Speak of the devil and the devil appears.

31. 贪多嚼不烂。
Tān duō jiáo bú làn.
Don't try to do too much at once. (Greed for food causes indigestion.)

32. 贪小便宜吃大亏。
Tān xiǎo piányi chī dà kuī.
Penny wise, pound foolish. (The greed for small favors results in the loss of big benefits.)

33. 兔子不吃窝边草。
Tùzi bù chī wō biān cǎo.
A man won't harm the people around his home. (A hare won't eat the grass near his hole.)

34. 无风不起浪。
Wú fēng bù qǐ làng.
There's no smoke without fire. (There's no wave without wind.)

35. 五十步笑百步。
Wǔshí bù xiào bǎi bù.
The pot calls the kettle black. (It's like a fifty-step-escaper laughing at a one-hundred-step-escaper.)

36. 新官上任三把火。
Xīn guān shàngrèn sān bǎ huǒ.
The new broom sweeps clean.

37. 羊毛出在羊身上。
Yángmáo chū zài yáng shēn shang.
The wool comes from the sheep.

38. 一分钱一分货。
Yì fēn qián yì fēn huò.
Nothing for nothing and very little for a half penny. (One cent of price, one element of quality.)

39. 一个巴掌拍不响。
Yí gè bāzhang pāi bù xiǎng.
When one will not, two cannot quarrel. (A single hand cannot clap.)

40. 一年之计在于春。
Yì nián zhī jì zài yú chūn.
A year's plan starts with spring. (Spring is the queen of the year.)

41. 有得必有失。
Yǒu dé bì yǒu shī.
Omelets are not made without breaking eggs. (No pain, no gain.)

42. 远水救不了近火。
Yuǎn shuǐ jiùbuliǎo jìn huǒ.
The far water cannot quench the near fire.

43. 早睡早起身体好。
Zǎo shuì zǎo qǐ shēntǐ hǎo.
Early to bed and early to rise makes a man healthy, wealthy, and wise.

44. 真金不怕火炼。
Zhēn jīn bú pà huǒ liàn.
Real gold stands the test of fire.

45. 知足者常乐。
Zhī zú zhě cháng lè.
Contentment is happiness. (Those who feel satisfied are forever blessed.)

46. 纸里包不住火。
Zhǐ lǐ bāo bú zhù huǒ.
The truth always prevails. (Paper cannot wrap up the fire.)

郑　重　声　明

图书在版编目（CIP）数据

体验汉语100句.惯用表达类：英语版／王小宁编.
北京：高等教育出版社，2007.1
ISBN 978－7－04－020522－0

Ⅰ.体… Ⅱ.王… Ⅲ.汉语－口语－对外汉语教学－自
学参考资料 Ⅳ.H195.4

中国版本图书馆 CIP 数据核字（2007）第 001937 号

出版发行	高等教育出版社	购书热线	010－58581118
社　　址	北京市西城区德外大街4号	免费咨询	800－810－0598
邮政编码	100011	网　　址	http://www.hep.edu.cn
总　　机	010－58581000		http://www.hep.com.cn
		网上订购	http://www.landraco.com
			http://www.landraco.com.cn
经　　销	蓝色畅想图书发行有限公司	畅想教育	http://www.widedu.com
印　　刷	高等教育出版社印刷厂		
开　　本	889×1194　1/32		
印　　张	7	版　　次	2007 年 1 月第 1 版
字　　数	160 000	印　　次	2007 年 7 月第 2 次印刷